FUGGERORUM DITIO
ALGOW
ILLER GOW
ABBATIA
KEMPTEN
LMANGOW
BURGENSIS
Weissenhorn Comit.
Babenhausen
Mindelheim
Memmingen Civitas Imperialis
Kaufbeuren Civitas Imper.
Kempten Civitas Imperialis
Leutkirch Civitas Impor.
Isny
Landsperg
Schongau
Fuessen
Kempterwald
Ober Gunsburg
Rechberg
Buxheim
Ottenbeuren
Wolkenberg
Konigseck
Mittelberg
Steinberg
Hohen Schwangau
Staingaden
Trauchgau
Aufsberg
Türkheim
Kirchdorf
Bobingê
Kilberg
Lech Fl.
Wertach Fl.
Guntz Fl.
Mindel Fl.
Iler Fl.
Zeil Baron
Neu Wirtshaus
Zur Linden

Michael Barczyk

Essen und Trinken im Barock

KULTURGESCHICHTLICHE
MINIATUREN

Michael Barczyk

Essen und Trinken im Barock

Oberschwäbische Leibspeisen

Jan Thorbecke Verlag Sigmaringen

CIP-Titelaufnahme der Deutschen Bibliothek

Barczyk, Michael:
Essen und Trinken im Barock: oberschwäbische Leibspeisen / Michael Barczyk. – 2. Aufl. (unveränd. Nachdr.). – Sigmaringen: Thorbecke, 1990
(Kulturgeschichtliche Miniaturen)
ISBN 3-7995-4033-4

2. Auflage 1990

Abbildungen: Ulrich Kurz, Leutkirch (12); Siegfried Lauterwasser, Überlingen (2)
Buchgestaltung: Ulrich Ulrichs, Sigmaringen
Gesamtherstellung: M. Liehners Hofbuchdruckerei GmbH & Co. Verlagsanstalt, Sigmaringen
Printed in Germany · ISBN 3-7995-4033-4

INHALT

Meiner Frau Gabriella

die mit österreichisch-schlesischen, ungarischen,
jüdischen und oberschwäbischen Gerichten
eine schmackhafte Chronik
unserer Familien zuzubereiten versteht

Noch ein Kochbuch?

So wird sich angesichts einer wahren Flut von Büchern, von der »nouvelle cuisine« bis zu Großmutters Rezepten, der eine oder andere gequält fragen. Hinter oberschwäbischen Gerichten, gar noch aus der schwelgerischen Barockzeit, wird er vielleicht weniger einen Gaumenkitzel als einen heimtückischen Anschlag auf die schlanke Linie vermuten.
»Oberschwäbische Leibspeisen« sind jedoch gedacht als die bodenständige Erwiderung auf die Invasion reing'schmeckter Spezialitäten, auf die drohende Überfremdung unserer einheimischen Küche, die unser wortgewaltiger Landsmann Abraham a Sancta Clara schon beklagt hat:

> *Einfache Gerichte sind höchstens noch für das Gesinde gut genug. Für die Herrschaft ist das nichts. Die Zungen so feiner Leute erwarten bei jedem Bissen ein ganzes Sammelsurium von Genüssen. Die Speisen, die auf der Tafel erscheinen, tragen samt und sonders fremdländische Namen, wie: Syrakusische Krammets-Vögel; Lombardische Wachteln; Bokharische Aale; Mazedonischer Thunfisch; Ambrakisches Wildschwein; Ägyptische Tauben; Numidische Hühner; Mailändisches Cervellatum; Cremonische Mortadellen; Lampreten aus dem Bodensee.*

Selbstverständlich steckt auch der Oberschwabe – schon aus angeborenem Wunderfitz – mitunter seine Nase in fremde Kochtöpfe und straft jenes Wort Lügen, wonach er nichts frißt, was er nicht kennt. Gegen solche gelegentlichen Seitensprünge ist nichts einzuwenden. Für einen Oberschwaben, der auf sich und sein leibliches Wohl etwas hält, ist aber eine Speisekarte sauber nix und ein Greuel, die nur noch Hamburger, Ketchup, Steak und Pommes frites kennt.

»Oberschwäbische Leibspeisen« sind eine Anleitung für die oberschwäbische Hausfrau wie für den ehrbaren Wirt, oberschwäbische Mannsbilder, aber auch Fremde bei Laune und bei Kräften zu halten. Es bleibt zu hoffen, daß künftig wieder Käs- und Brätspätzla, Nonnenfürzla und Duranand, Brennt's Mus und Latwära (Latwerge) zum festen Bestandteil unserer heimischen Küche werden.

Guntram Blaser

Barockes Fest.
Gemälde eines anonymen Meisters im Schloß Wolfegg

Tanz und Vergnügen nach dem Essen.
Gemälde eines anonymen Meisters im Schloß Wolfegg

Stiefkind Oberschwaben

Unsere Zeit ist mit Kochbüchern reich gesegnet. Auch die schwäbische Küche ist gut vertreten; dennoch scheint die des Landes zwischen Donau und Bodensee vergessen zu sein: entweder orientiert sich der Speisezettel am Unterland, an Alt-Württemberg mit »Maultaschen« und »Gaisburger Marsch« oder der weiß-blaue Himmel lacht über dem gedeckten Tisch.

Wo bleibt Oberschwaben mit seiner österreichisch-barocken Vergangenheit? Daß es von der neuen Hauptstadt Stuttgart oft als toter Winkel übergangen wurde, weiß man, auch, daß es seit 1806 so manchen Querschläger hinnehmen mußte. Inzwischen sind die lang verkannten Werte einer fast wie unberührt wirkenden Landschaft aus Zwiebelturm, Ried, Wald und Bildstöckle entdeckt. Der Dornröschenschlaf ist beendet, und das Land der »Nonnenfürzla, Bubaspitzla und Bauraseckela« meldet sich und hofft, mit Gerichten aus der großen Zeit Oberschwabens, dem Barock, neben den feinen Stuttgarter »Nonnenkräpflein« bestehen zu können.

Dies hier ist ein Lesebuch alter Eß- und Trinkgewohnheiten. Es erschließt uns Geschichte, wie sie nicht im Lehrbuch steht – Geschichte der Menschen aus Schwäbisch-Österreich, von denen Maria Theresia gesagt haben soll, sie seien ihre besten und getreuesten Untertanen. Im Essen hielten sie an den überkommenen Gerichten vergangener Jahrhunderte fest, unterschieden sie sich von ihren Stammesgenossen im Norden über der Alb und im Süden, jenseits des Bodensees.

So aßen die Menschen im damaligen Württemberg noch weniger Fleisch als in Oberschwaben und sparten noch mehr am Essen; die Kartoffel, Tee oder Kaffee fanden dort aber schon vereinzelt Eingang; in der Schweiz dagegen gehörten Milchprodukte, besonders Käs', zum alltäglichen Essen – wie uns der Schweizerengel in Pater Sailers »Luzifer« belehrt.

In Oberschwaben verschwand nach dem Dreißigjährigen Krieg der gesüßte und gewürzte Wein als Volksgetränk ganz. Wein wurde im Unterschied zum Mittelal-

ter nur noch am »See« angebaut und mußte an Sonn- und Feiertagen von den Untertanen getrunken werden, da der Herr Graf ein paar Weinhalden dort zu eigen hatte (für jeden Feudalherrn, geistlich wie weltlich, groß wie klein, war das selbstverständlich; oft war mit den Weingärten auch eine kleine Sommerresidenz verbunden). Bier, das obergärige Weißbier, behauptete sich damals für fast 200 Jahre, bis es im 19. Jahrhundert vom Most verdrängt werden sollte.
Waren die Speisen in der so »lebensfreudigen« Barockzeit bei der Unterschicht auch äußerst einfach und bescheiden, ja ärmlich, und bestanden sie meist auch nur aus Suppen- und Knöpfla-Variationen, so war das Essen der Menschen, die zur wohlhabenden Mittelschicht zählten, wirklich barock. Da aber seit der Zeit des französischen Sonnenkönigs alle Augen nach Frankreich gerichtet waren, glichen sich die oberschwäbischen Leibspeisen wie überall immer mehr der feinen französischen Küche an, je höher man in der Gesellschaftspyramide emporstieg. Deshalb ist in diesem kulturgeschichtlichen Lesebuch der Schwerpunkt der Darstellung auf bäuerliches Essen in der Barockzeit gelegt. Übrigens lassen sich die meisten Rezepte nachkochen, vorausgesetzt, man findet schnell einen Auerhahn, ein paar Dutzend Flußkrebse... oder man hat sein Gefallen an einer Vierteljahreskur mit Knöpfla-Kompositionen (ein Knöpfle ist der Vorläufer des schwäbischen Spätzle).

Wie es wirklich war

»Alles harmoniert hier zu einem glücklichen Ganzen, der Segen der Felder, die Bevölkerung und der offene gutmüthige Charakter der Schwaben, all dies im Schoose der Freyheit. Wie gerne verweilet hier das Aug... Sie haben ein glückliches Phlegma, womit sie sich Zeit zum Nachdenken nehmen, da die andern vielleicht zu schnell darüber hindenken...«[1].
Ob der anonyme Reisende von 1792 aus Norddeutschland stammte, ob er eben aus Bayern eingereist war, ist egal, beides könnte den »Schoos der Freyheit« allenthalben erklären. Dies Hohelied zeichnet Schwaben als Vorposten einer heilen Welt, die sich kaum noch übertreffen läßt. Doch. Goethe ist's, der weiterhilft. Seine vielzitierte Meinung im »Reineke Fuchs« über Schwaben gleicht einem Bild aus dem Schlaraffenland:

> »Laßt uns nach Schwaben entflieh'n! Dort kennt uns niemand; wir halten
> Uns nach Landes Weise daselbst. Hilf Himmel! es findet
> Süße Speise sich da und alles Guten die Fülle:
> Hühner, Gänse, Hasen, Kaninchen und Zucker und Datteln,
> Feigen, Rosinen und Vögel von allen Arten und Größen;
> Und man bäckt im Lande das Brot mit Butter und Eiern.
> Rein und klar ist das Wasser, die Luft ist heiter und lieblich,
> Fische gibt es genug...
> Das sind Fische nach meinem Geschmack!«[2].

Schwaben waren es, allerdings Unterländer, die diesen Text ironisch oder zumindest spöttisch interpretiert wissen wollten. Aber Goethe meinte da sicher das alte nichtwürttembergische Schwaben, das Reineke erreichen wollte, sofern er überhaupt unbeschadet so weit kommen konnte! Klagte doch Fürstabt Gerbert von St. Blasien auf der Fahrt nach Waldsee, daß er nur unter Lebensgefahr Oberschwaben durchreisen könne: »Die Pferde wurden scheu, so daß kein anderes Mittel zu unserer Erhaltung übrig war, als schnell aus der Kutsche zu springen«[3].

Doch läßt sich das schöne Bild Schwabens durch schlechte Straßenverhältnisse beeinträchtigen? Wie lebten die Menschen zwischen den herrlichen Barockbauten? Wie lebten sie, die uns in Goethes Zeilen entgegentreten? Ganz einfach: auch sie waren der Meinung, die herrschende Ordnung sei die richtige, die von Gott eingesetzte. Abgaben, Frondienste, Zehnte wurden so gern gegeben wie heute die Steuern. Hier drückte es mehr, da weniger (1525, die Zeit des Bauernkriegs, lag weit zurück). So prozessierte man in Biberach wegen übermäßiger Fronen, während ein Deutschordensritter aus Altshausen berichtete, wegen der Fronen gäbe es keine Spannungen. Ab und zu hört man von »Aufläufen, landfriedenstörenden Umtrieben«. In Rötenbach bei Wolfegg wurde so ein Sturm im Wasserglas vom Oberamt mit dem Etikett »Jakobiner« versehen, und dann war Ruhe...

Das politische Ruder lag fest in der Hand weniger hochadliger Familien: Habsburg mit Schwäbisch-Österreich an der Spitze, dann die waldburgischen Grafschaften Wolfegg, Waldsee, Scheer, Zeil und Wurzach. Zum Geschlecht derer von Königsegg gehörten die Grafen von Königseggwald, Aulendorf und Rotenfels im Allgäu. Zweitwichtigster Feudalherr war die Kirche mit den – um nur einige Klöster zu nennen – Reichsabteien Weingarten, Ottobeuren, Ochsenhausen, Buchau, Obermarchtal, Schussenried, Salem, die in ihren Territorien Herrschaft ausübten. Eine weitere Säule waren die eingestreuten Reichsstädte, wie Ulm, Ravensburg, Biberach, Lindau, Buchhorn (Friedrichshafen), Buchau, Isny, Leutkirch. Kaum zu glauben, daß es zwischen diesen Ländchen noch freie Gebiete gab! Die zur Reichsfreiheit emporgerückte Ritterschaft fand sie dennoch: die Stein, Speth, Schenk und wie sie alle hießen!

Die Barockzeit brachte für den oberschwäbischen Staats-Fleckerlteppich ungeahnte Höhepunkte: jedes noch so kleine Residenzle dünkte sich Mittelpunkt der Welt, berief erste Künstler, kurz, jeder schuf sein Klein-Paris. Damals wurden Kulturwerte geschaffen, die ihresgleichen suchen. Ein Gang etwa durch Oberdischingen, Wurzach, Marchtal oder Salem wird überzeugen.

Die territoriale Kleinstaatlichkeit förderte nicht nur kulturelles Leben, sondern es

konnten sich auch vielfältige Formen der Mundart, der Sitten und Bräuche und der Kochrezepte entfalten. So ließen sich vier verschiedene Zubereitungsarten von »Schwarzem Mus« feststellen, von jeder heißt es, sie sei die richtige, typisch oberschwäbische.
Die Potentaten, der Adel, die Herren Prälaten aßen und tranken vorbildhaft. Nach ihrem Vorbild Wien. Was ein Erzherzog kann, vermag zwar kein oberschwäbischer Graf. Aber imitiert wurde er dennoch. Das Kaiserhaus seinerseits orientierte sich in Angelegenheiten der Eßkunst an Frankreich und Paris. Kaum war dort die Gabel seit der Mitte des 17. Jahrhunderts »in«, fand sie auch in Wien Eingang. Und ein paar Jahrzehnte später war sie »auf'm Schloß« in Oberschwaben vorhanden[5]. Was man gemeinhin als Barockessen zu bezeichnen pflegt, »un d'yeux de Veau aux Truffes, un de Becasse au Salmi, Crême au Café etc.«[6], wurde doch nur in der Küche der Reichen zubereitet, die ungezählten Untertanen selbst aßen nach alter Väter Brauch. Dem Barock entsprechend, gab es aber eine reiche Auswahl an Variationen; die Grundrezepte blieben gleich und waren Jahrhunderte alt. So lassen sich Gemeinsamkeiten in der Zubereitung von Holunder-Mus nicht übersehen, obwohl mehr als 600 Jahre zwischen dem ersten und dem zweiten Rezept liegen.

14. Jahrhundert.

Ain holdermuos[7]: nim holderbluost und süd das gar wol in milch und mit der milch und mel mach ain muoss und schlach die milch des ersten durch und nim den geribnen bretzelen oder simelen und ayer und würcz es ob du wilt.

20. Jahrhundert.

Holdermus[8]: Den abgebeerlten Holder in der Pfanne mit wenig Wasser »verschnellen« lassen. Nun entweder mit einer Butterschwitze aufrühren – oder ein Milch- und Mehlzwerle einrühren. Unter dauerndem Rühren gut aufkochen lassen. Einen Löffel Honig beigeben. Wenn das Holdermus mit dem Mehlzwerle gemacht wird, dann mit heißem Butterschmalz abschmälzen. Mancherorts werden noch abgeröstete Brotwürfel draufgegeben.

Schon die Bezeichnungen aus dem mittelalterlichen Kochbuch aus Schwaben bestätigen das starre Festhalten an Althergebrachtem; denn alle diese Gerichte haben die Barockzeit überlebt: Rübenmus / Fischpastete / Hühnermus / grüne Pfannkuchen (mit Mangold) / Fischwurst / Käsemus / Fischrogenmus / Hirnmus / Lebermus / Krebsmus / Birnenmus usw.

Ähnliches läßt sich übrigens in der ungarischen Küche beobachten, die – das sei am Rand erwähnt – im 18. Jahrhundert wichtige Impulse aus der schwäbischen und oberschwäbischen Küche erhalten hat[9]. Erst das 19. Jahrhundert brachte mit der Veränderung der Herrschafts- und Wirtschaftsordnung den großen Umbruch[10].

In allen Ständen war der Essens-Rhythmus gleich: fünfmal am Tag saß man bei Tisch. Das Frühstück wurde als Morgensupp', Morgenmus, Morgentrank oder Morgenessen bezeichnet. Das zweite Frühstück zwischen neun und zehn Uhr nannte und nennt man Z'Neune oder Brotessen, das Mittagessen einfach Z'Mittag oder Essen, das Abendbrot Vesper oder Brotessen, und schließlich aß man vor dem Zubettgehen »zur Nacht«. Zwischen den Mahlzeiten haben die Menschen reichlich getrunken.

Eigentlich haben wir mit kleinen zeitlichen Verschiebungen diesen Rhythmus beibehalten. Das Z'Neune-Essen lebt im Vesperbrot des Schülers und Arbeiters oder im Wiener Gabelfrühstück weiter, das abendliche Brotessen stark verändert in der Kaffeetafel oder im Five-o'clock-tea.

Angesichts des Tages Müh und Plag erscheint das häufige Essen verständlich. So arbeitete ein Bauer von 4 bis 11 Uhr und von 12 bis 19 Uhr, ein Handwerker von 6 bis 11 Uhr und von 12 bis 18 Uhr. Allerdings war das Jahr noch gespickt mit Feiertagen. In der Grafschaft Wolfegg zählte man 1782 mit den Sonntagen 101 freie Tage[11], in Saulgau im selben Jahr gar 112 (hier waren zudem 56 Feiertage mit einer Prozession verbunden)[12].

Der Barock, der in Oberschwaben nach dem Dreißigjährigen Krieg stürmisch hereinbrach, hinterließ tiefe Spuren, weil dieser Krieg eben auch tief in alle Bereiche des Lebens eingegriffen hatte: Eine gänzliche Neuordnung war vonnöten gewesen. Sehr eindrucksvoll läßt sich das am Beispiel des Dorfes Reute bei Waldsee zeigen: von den 240 Einwohnern vor der Kriegszeit lebten nach Friedensschluß nur noch sieben. Die abgebrannte Kirche, das zerstörte Dorf forderten und förderten einen konsequenten Neubeginn [13]. So wie die neue Epoche durch Kriegstrompeten verkündet wurde, endete sie schrecklich: Napoleons Truppen zogen durch Oberschwaben und verteilten Land und Leute. Der Herzog von Württemberg erhielt als Vasall Bonapartes den Löwenanteil. Die Barockzeit war vorüber. Ordnung und Zucht und Nüchternheit wurden plötzlich geschätzte Werte. Man war württembergisch »mit Haut und Haar« [14]. Statt Jänner sagte man Januar, statt Karfiol Blumenkohl, statt Kren Meerrettich, und als »Zugemüs« begann man allenthalben die Kartoffel zu versuchen.

Die Unterschiede zwischen den Menschen im Ober- und Unterland in Mentalität und auch Ernährung blieben freilich: »Während die Niederschwaben schlanke, hagere, im Vergleich mit den Oberschwaben fast wadenlose Leute sind..., ist dieser durchschnittlich größer, breiter, muskulöser. Der Oberschwabe entwickelt im Heben von Lasten, im Tragen auf der Schulter und im Raufen eine Kraft und Gewandtheit, welche ihn vor seinen unterländer Stammesgenossen wesentlich auszeichnet. Es ist nicht zu verwerfen, daß der Unterländer diese körperliche Überlegenheit des Oberländers dessen fleischreicher Nahrung zuschreibt, denn besonders im mittleren Oberschwaben geht das Fleischessen ins immense. Der Niederschwabe nährt sich mehr von Vegetabilien..., der Oberschwabe ißt Jahr aus Jahr ein, mit Ausnahme der Fasttage, täglich wenigstens einmal Fleisch. (...) Was den Charakter der Oberschwaben anbelangt, so zeichnet er sich durch eine gewisse Noblesse, durch aristokratische Färbung, durch derbe Offenheit, ein gewisses zähes Festhalten am Althergebrachten, durch sein empfindliches Rechts- und Ehrgefühl aus« [15].

Wesentlich größere Unterschiede lassen sich natürlich feststellen, wenn man die schwäbische mit der norddeutschen Kost vergleicht: Im Norden aß man von den wenigen Gängen viel, im Süden bestand ein Essen immer aus mehreren »Trachten«. Kennzeichen dafür sind die tristen Eintopfessen der dreißiger Jahre einerseits und die Suppe andererseits, ohne die sich der Schwabe kein Essen vorstellen kann. Das Butterbrot des Nordens hat bei unseren Bauern bis heute keinen Eingang gefunden. Übrigens ein Grund, warum aus der leicht verderblichen Butter stets

Butterschmalz und »Siedera« gemacht wurde. War der süddeutsche Werktag von Mehlspeisen, der Sonntag vom Fleisch bestimmt, zog man »dort oben« in der Woche eine Gemüse-Fleisch-Kost und am Sonntag Brei vor (Hirse- oder Reisbrei). Während man nördlich des Mains längst die Kartoffel zuzubereiten verstand, kochte man sich hier zahllose Süppla und Müsla[16].
Die Eigenheiten der oberschwäbischen Küche im 18. Jahrhundert waren zumindest im Reichsstift Marchtal bekannt, denn der Schwabenengel aus Pater Sebastians »Luzifer« gibt sie recht drastisch zum besten:

Wenn ear vom Bett aufg'schtanda,
so neammt ar schau für Handa
sein Löffel, eh ar macht a Kreuz;
noh sait ar, Schteina, sag mar, geit's
a schöana Pfanna schwaza Brei?
So bald ar kommt, so frißt ar glei.

As hot mar s'Heatz denn g'lachat,
und hätt gean seall mit g'machat,
wenn ear denn hot a Hand vol Kraut
uf älli Schüb druf auffi baut;
ih hau den dächt, ih wäeam g'fähr,
wenn ih itt sei Schutzengel wär.

(...)

Ar ischt itt zimmli g'fräßig,
denn ear leabt b'schtändig g'mäßig.
Zwoi Dutzat Knöpfla ischt sei Koscht;
da Bräntawei und Biaramoscht
sauft er so litzel bey di Leut,
daß ear nu wia a Roiger schpeyt[17].

Da der oberschwäbische Dialekt des 18. Jahrhunderts nicht leicht verständlich ist, folgt eine freie Übertragung:

Wenn er aufgestanden ist,
nimmt er gleich zur Hand
seinen Löffel, noch ehe er das Kreuz schlägt;
dann sagt er zu Stine, seiner Frau, sag mir, gibt es
eine schöne Pfanne schwarzen Brei?
Wie er aufgetragen wird, frißt er ihn.

Das Herz lachte mir im Leib,
und ich hätte selbst gern mitgemacht,
wie er noch eine Handvoll Kraut
auf jeden vollen Löffel aufgeladen hat;
da dachte ich, ich würde ihm in die Quere kommen,
wenn ich nicht sein Schutzengel wäre.

(...)

Er ist nicht sehr gefräßig,
denn er lebt immer mäßig.
Zwei Dutzend »Knöpfla« sind seine Kost;
den Branntwein und den Birnenmost
säuft er so wenig bei den Leuten,
daß er bald wie ein Reiher spuckt.

Viel »Knöpfla« – wenig »Schnepfla«

Barock wird oft mit Überschwang, Fülle, Maßlosigkeit gleichgesetzt. Blickt man auf die gedeckten Tische der Mehrheit des Volkes, tut sich tatsächlich ein Übermaß auf: sie waren nämlich angefüllt mit Knöpfla, Knöpfla und wieder Knöpfla (einer noch heute in der Schweiz und in Vorarlberg gängigen Spielart der Spätzle). Knöpfla tagaus, tagein, Woche für Woche, Jahr für Jahr – und das schon seit Jahrhunderten. Hergestellt werden sie fast gleich wie die Spätzla[8,18].

Grundrezept für Knöpfla

500 g Mehl werden mit 5 (oder mehr) Eiern, einer Tasse Wasser und Salz zu einem glatten Teig gerührt. Etwa 1 Schöpflöffel Teig wird in den Knöpfleschieber gegeben und die Masse durchgedrückt; man muß es in reichlich kochendes Salzwasser tropfen lassen. Nach dem Aufkochen kommen die Knöpfla hoch und werden mit einem Schaumlöffel aus dem Wasser genommen und im warmen Wasser geschwenkt. Früher wurde der Teig durch einen dreifüßigen Seiher ins Wasser gerührt. Besitzt man keinen Knöpfleschieber, kann man auch ein großlöchriges Sieb verwenden. Oft wurden sie einfach so gegessen, oft der Suppe beigegeben oder nur geröstet oder geschmalzt.
Aus der Flut diverser Knöpflagerichte werden diejenigen vorgestellt, die in Oberschwaben gemacht wurden – vorausgesetzt, der Geldbeutel erlaubte mehr, als nur das Grundgericht zuzubereiten.

Knöpfla-Variationen aus dem Kloster Marchtal[19]

Eierknöpflein

Nehme Eier, soviel du nötig zu haben glaubst, verrühre sie mit etwas Rosenwasser, tue Zucker, Zimt und Rosinlein dazu und rühre soviel Weißmehl darein, als sie einschlucken, ohne daß der Teig gar zu fest wird; mache Knöpflein daraus und backe sie in heißem Schmalz. Alsdann mache eine süße Brühe daran und gib sie auf den Tisch.

Butterknöpflein

Rühre einen Vierling Butter (125 g), bis er schön weiß wird; verklopfe 4 Eier in einem Häfelein recht wohl und rühre sie nach und nach in den Butter, nehme halb neu gebackenes Mutschelmehl und halb Weißmehl und rühre soviel darein, bis der Teig in der Dicke recht ist: würze ihn mit Salz und Muskatnuß, mache Knöpflein und siede sie in der Fleischbrühe.

Krebsknöpflein

Siede eine beliebige Anzahl Krebse wie gewöhnlich in Salzwasser ab, schäle die Schwänze und Schalen davon aus, hacke sie klein, röste eine Handvoll Mutschelmehl in Butter, tue sowohl solches als auch etwas ungeröstetes Brot darunter, schlage soviel Eier daran, als die rechte Dicke des Teigs erfordert, würze es mit Muskatnuß, Ingwer und Salz, rühre es untereinander, mache die Knöpflein und lasse sie in Fleischbrühe aufsieden. Wer will, kann von dem Rest der Krebse auch eine Krebsbrühe machen.

Bauernknöpflein

Schneide einen gut Teil Zwiebel in Würfel und röste sie im Schmalz, daß sie fein weich werden, gieße eine gute halbe Maß Milch oder Rahm daran und lasse sie sieden; nach diesem schütte in den Sud soviel Grießmehl darein, als darinnen sieden kann; koche es zu einem dicken Brei und salze es ein wenig. Alsdann mache Schmalz in einem Pfännlein heiß, tunke einen eisernen Löffel darein und brich mit dem eingetunkten Löffel ein Knöpflein um das andere aus, setze sie in eine mit Schmalz oder Butter beschmierte Schüssel und die Schüssel auf eine Kohlpfanne und lasse sie eine Weile pratzeln.

Noch eine Art besonders guter Fleischknöpflein

Nehme ein Pfund Kalbfleisch, wasche es sauber und hacke es ganz klein, schneide von zwei Weißbroten die untere Rinde hinweg, weiche das übrige in Fleischbrühe oder Wasser und drücke sie wieder aus, nehme zwei Eier und einen Vierling Nierenfett dazu und hacke auch dieses unter das Fleisch, tue ein wenig Peterling, kleingeschnittene Zwiebel, Muskatnuß, Salz und, wenn's beliebt, ein wenig Ingwer samt einer kleinen Handvoll Mutschelmehl darein und rühre es mit zwei Eiern an, mache Knöpflein daraus, siede sie in Fleischbrühe, worin ein Stück Butter gelegt worden, und richte sie an.

Knöpfla-Variationen aus dem östlichen Schwaben[20]

Braune Butterknöpflein

Schneide von einigen Roggensemmeln die Rinde ab, laß diese Rinde in einem Bratöflein (oder auch auf dem Roste) recht dunkelbraun rösten und dürren (ohne sie jedoch zu brennen). Wenn sie kalt geworden sind, stoße man sie in einem Mörser fein, tue das braune Pulver in eine kleine Schüssel und feuchte es mit einem wenig süßen Rahm an. Indessen rühre man einen halben Vierling frische Butter mit 2 oder 3 kleinen Eiern ab, tue die eingeweichte Rinde nebst Salz und Muskatblüten daran, rühre alles wohl untereinander und mache kleine Knöpflein davon. Wenn diese Knöpflein nicht gern zusammenhalten, auch wenn man den fertigen Teig 1

Stunde lang hat stehen lassen, so rühre man ein wenig feines weißes Mehl daran, dann halten sie gewiß zusammen, wenn man sie in siedender Fleischbrühe anziehen läßt.

Grüne Knöpflein

Man zerschneide 4 bis 6 Lot weißes Brot (ein Lot = ca. 15 g) samt der Rinde und übergieße dieses mit soviel Wasser, als es notdürftig einziehen kann, damit es recht weich werde. Dann nehme man 4 Hände voll schönen grünen Spinat und bringe diesen, nachdem man ihn sauber geklaubt und gewaschen hat, in einen Topf voll siedendes Wasser und brühe ihn weich, nehme ihn heraus, drücke ihn aus und wiege ihn recht fein. Man verrührt dann zwei Lot Butter, schlägt 2 Eier dazu und vermischt die geweichte Semmel, den Spinat und dieses recht gut zu einem Teig, macht Knöpflein daraus, die man in siedender Brühe verwällen läßt und sie zum Gebrauch beiseite stellt. Diese grünen Knöpflein dienen eher dazu, eine gewisse Mannigfaltigkeit in der Suppe zu machen, als daß sie besonders wohlschmeckend wären.

Augsburger Mehlknöpflein

Zu diesen schneidet man auf 2 Personen für 2 Kreuzer weißes Brot wie dünne Suppenschnitten. Darauf gießt man ein Quart Milch (= 1 Viertel Maß) herum und läßt sie eine Stunde stehen. Dann rührt man 2 bis 3 Eier, nebst Salz, und wenn man will, fein geschnittenen Peterling und Schnittling daran, gießt eines kleinen halben Hühnereies groß zergangenen Butter darauf herum und macht es mit 2 großen Eßlöffeln voll Mehl recht durcheinander. Hernach legt man ein Knöpflein von beliebiger Größe zum Exempel, so groß wie ein Hühnerei, nur aber rund, in siedendes Wasser oder Fleischbrühe. Wann es nicht zerfährt, so legt man alle hinein und läßt sie eine halbe Stunde kochen. Wann man sie anrichtet, werden sie mit gelb geröstetem Semmelmehl geschmälzt. Diese Knöpflein gibt man gewöhnlich an Fasttägen zu Fischen in schwarzer Brühe.

Fleischknöpflein

Wenn man ein Pfund Brät nimmt, rührt man es, wenn es gut ist, mit 1 Quart Milch (= 1 Viertel Maß) und 1 bis 2 Eiern an. Ist dies geschehen, so sät man 2 bis 3 Hände voll Semmelmehl darauf herum, gießt eines halben Hühnereies groß zergangene Butter auf dieses, reibt ein wenig Muskatnuß darauf und macht den Teig recht durcheinander, legt die Knöpflein in siedendes Wasser oder Fleischbrühe, und wenn sie genug gesotten haben, welches man, wie bei allen Knöpflein, daraus sieht, wenn man eines zerschneidet, und es durchhinein ausgekocht ist: so richtet man sie an. Man kann aber auch statt des Semmelmehls zu einem Pfund Brät für einen Kreuzer in Milch eingeweichtes und wieder ausgedrücktes Brot nehmen, so werden die Knöpflein viel besser als mit dem Semmelmehl.

Speckknöpflein

Man weicht für 2 Kreuzer weißes Brot in Milch oder Wasser ein. Unterdessen wiegt oder hackt man einen guten halben Vierling (125 g) Speck mit etlichen Zwiebeln und einer halben Handvoll Peterlingkraut recht fein, drückt das eingeweichte weiße Brot fest aus, dämpft es in einem eines halben Hühnereies großen Stück zergangener Butter ein wenig, rührt zuerst den mit dem Grünen gehackten Speck, nebst Salz soviel nötig ist, dann noch 4 bis 5 Eier an das Gedämpfte und legt die Knöpflein von beliebiger Größe in gesalzenes Wasser oder Fleischbrühe. Wann sie gesotten und angerichtet sind, schmälzt man sie mit gelbgeröstetem Semmelmehl und gibt sie auf den Tisch.

Semmelknöpflein

Man verkleppere zwei Eier recht stark, so daß sie schaumig werden, wenn dieses geschehen ist, lasse man zwei Lot Butter (30 g) zergehen, schütte diese geschmolzene Butter daran, rühre Semmelmehl nebst ein wenig Salz dazu, daß aber der Teig ja nicht zu fest werde. Laß den Teig eine Zeitlang (eine halbe Stunde) stehen, lege dann ganz kleine Knöpflein davon in siedende Brühe. Sollten sie zerfahren, nimm noch ein wenig Semmelmehl dazu, und wenn sie nicht aufgehen, muß man den Teig mit Milch etwas lockerer oder dünner machen.

Ein Füllhorn voll barocker Köstlichkeiten finden wir bei den höheren, sprich reicheren Ständen.

Festessen aus dem Kloster Marchtal[19]

Einen guten Schnepfen zu braten

Wenn der Schnepf sauber geputzt ist, tue den Dreck heraus, den Schnepfen besäe mit Zimt, Nelken, Pfeffer und Salz, brate ihn und beträufle ihn fleißig mit Butter, den Dreck aber hacke klein, tue das Gewürz auch daran, röste den Dreck nur ein wenig, ohne daß er hart wird, in Butter, tue einen kleinen Eßlöffel voll Fleischbrühe darein, backe etliche Weißbrotschnitten und streiche, wenn du den Schnepfen auf den Tisch geben willst, den Schnepfendreck darauf, lege die Schnitten zu den gebratenen Schnepfen und gib alles zusammen warm auf den Tisch.

Kleine Vögel zuzurichten

Nehme beliebige Vögel, röste sie, wenn sie gesäubert und mit Salz und Nelken gerieben sind, im Schmalz, schneide ein paar Zwiebel klein gewürfelt, röste auch diese in einem besonderen Pfännlein im Schmalz, gieße Wein und ein wenig Weinessig an die Zwiebeln, würze es mit Pfeffer und ein wenig Safran, lege die Vögel dazu, tue ein wenig Zucker darein, laß es miteinander sieden und richte an.

Lerchenpastete

Nehme die Lerchen aus, und mache sie auf Wildbretart an. Mache von einem guten Teig eine Pastete, lege auf den Boden dünne geschnittene Stücke Kalbfleisch und auf diese die Lerchen, tue auch Kapern dazu, bedecke die Pastete vollends und lasse sie backen. Bis sie aus dem Ofen kommt, mache Fleischbrühe siedend, fülle sie darein und trage sie auf.

Schildkröten zuzurichten

Haue ihnen Kopf, Füße und Schwanz ab. Weil sie aber solches unter dem Schild verbergen, daß man nicht wohl zukommen kann, so lege ihnen eine glühende Kohle auf den Rücken. Wenn sie diese empfinden, wollen sie der Hitze entfliehen und strecken alles herfür. Alsdann mußt Du mit einem guten Messer gefaßt sein und ihnen geschwind den Kopf abhauen. Nach diesem siede sie in nicht gar vieler Brühe, bis sie gar sind, und nehme sie hernach aus dem Kessel heraus, tue die Schale mit aller Vorsichtigkeit weg, weil sie sehr viele Galle haben, und frikassiere sie, wie die jungen Hühner, und tue mit Zitronensaft geriebene Eier darüber.

Krebssuppe mit Hirnschnitten und einer Henne

Siede eine Henne und nehme hernach auf einen Tisch von 8 Personen etwa 25 Steinkrebse, siede sie entweder zuvor ab oder stoße sie lebendig; doch muß das mittlere Flößlein in dem Schwanz vorher ausgezogen werden. Wenn sie recht klein gestoßen sind, so röste sie in zerlassener Butter mit etwas Peterling, treibe sie entweder mit Fleischbrühe oder mit der Brühe einer Henne durch einen Durchschlag oder Suppenseiher, gieße die Brühe in ein Häfelein oder Töpfchen, tue ein wenig Muskatnuß und Ingwer daran und laß es noch ein wenig kochen.

Mittlerweile mache die Hirnschnitten. Hierzu nehme zwei Hirne, wässere und häutle sie ab; nehme ferner die Brosamen von 1 Semmel oder Weißbrot, ein wenig Schnittlauch und Peterling und hacke es auf der Hackbank samt dem Hirn so klein, daß man von dem Brot nichts mehr gewahr wird. Dies Gehackte tue in eine Schüssel, würze es mit Salz, Muskatnuß, Ingwer und ein wenig Majoran, rühr es mit ein wenig Mutschelmehl, einem Löffel vollrecht Weißmehl und 2 Eiern an, schmiere ein sauberes Tuch mit Butter, schütte das Angerührte darein, binde es zu, aber nicht gar zu fest, daß es im Sieden auch aufgehen kann, und lasse es sieden, bis du glaubst, daß es hart genug sei. Wenn der gesottene Knopf hart genug ist, nimmt man ihn heraus, legt ihn auf ein Brett und schneidet Schnitten daraus nicht gar eines kleinen Fingers dick. Diese legt man in das Zinn, setzt die gesottene Henne darauf und gießt die oben beschriebene Krebsbrühe daran. So ist sie fertig.

Ein gutes Krebseuter zu machen

Nimm etwa 75 Krebse, wasche sie sauber und zerstoße sie in einem Mörser lebendig; gieße an die gestoßenen Krebse eine halbe Maß süßen Rahm und wende sie durch ein Tuch. Klopfe ferner etwa 8 Eier, gieße die ausgepreßte Milch daran, würze sie mit Salz, Ingwer und Muskatnuß, koche es in einem Zinn oder Blech, auf der Glut, und schütte es, wann es gekocht ist, in ein Tuch in eine Pfefferpfanne, wende es ein wenig, daß es wohl ablauft, schneide es, wann es kalt ist, in beliebige Schnitten und lege sie in ein Zinn. Nach diesem gieße an die gepreßten Krebse so viel Fleischbrühe, als zu einer Brühe nötig ist, lasse sie ein wenig aufsieden und wende es wieder durch ein Tuch, würze es mit Ingwer, Butter und Muskatnuß, brenne im Butter ein dünnes Mehl daran, laß es kochen, schütte es an die Schnitten und lasse alles auf der Kohlpfanne aufkochen. – Die Brühe und Schnitten werden rötlich, und es ist ein gutes Essen. Man kann auch eine Brühe von süßem Rahm daran machen.

Was es sonst noch zu essen gab

»Der heutige Modus zu Kochen ist weit anders beschaffen als in vielen schon herausgegebenen Kochbüchern«, meint der gräfliche Koch Jean Neubauer aus Bayern in Anspielung auf die neue französische Küche[6]. Damit seine Kollegen in den süddeutschen Schlössern in »heutiger Manier zu Kochen« verstehen, wurden alle Speisen »mit französischen Benennungen angesetzt«, aber, damit man »nicht fehle, wurden sie wieder in das deutsche gebracht«.

Ein Kapaun auf Schildkröten-Art

Daß die Gerichte tatsächlich nur für Wohlhabende gedacht waren, zeigt das Rezept für »Un Chapon a la Tortue«: »Nachdem der Kapaun flammirt und geputzt ist, thu ihn schön auslösen und ein wenig faschiren, der Kopf muß an der Haut bleiben, womit du den Schildkrotenkopf formiren mußt, von Trüffeln machst du vier Patten, vom Steiß machst du den Schweif, oben auf dem Rucken must du auch mit Trüffeln die Fasson von Schildkroten formiren, nimm hernach ein Papier, bestreiche es mit Provenceröl, nimm eine Speckbarte, lege den Kopf darauf, bedecke ihn auch mit Zitrone und Speck, etwas Wurzeln und Kräuter, ein halbes Lorbeerblatt, etliche Schnitze Schinken und etliche Blättlein Zwiebel, hernach thu ihn in Papier einwickeln, mit Bindfaden binden, und auf den Rost legen, auf einem warmen Aschen ruhig gehen lassen, zum öftern umwenden, bis er fertig wird, und nach diesem eine klare Soß dazugeben, welche pikant seyn muß.«

Als ganz barock dabei erscheint die Illusion, den Kapaun als Schildkröte zu verkleiden. Barock sind auch die unzähligen anderen Variationen der Garnierung: Da wird Wildbret mit Austern, Südfrüchten und Trüffeln gereicht, Artischocken, Mandeln mit Kräutern, jungen Hühnern und Flußkrebsen, Schnepfen »auf deutsch, englisch oder lutherisch« zubereitet. (Auf das Essen der höheren Stände kommen wir noch zu sprechen.)

Barock für Reiche

»Menu für 8 Personen auf französisch auf das Frühjahr«
»Un Menû pour 8 Couverts à la Françoise au Printemps« [6]

	eine Kräutersuppe
	kleine Pastetlein
	Ochsengaum in Bechern
Zweyter Service	ein Fricando glasirt
	Hühnlein mit klarer Soße
	ein Beschamell mit Reis
Dritter Service	einen jungen Hasen für einen Braten, Spinat auf italienisch
	eine Creme von Körbelkraut
	einen Service auf Englisch
	eine Erbsensuppe auf Englisch
	kleine Pastetlein mit Beschamell
	Granatin mit Cichori
Zweiter Service	einen Rebzehmer zum Braten
	einen grünen Salat
	einen italienischen Salat
Dritter Service	einen Schinken in der Mitte
	einen Boudin im Ofen
	eine Creme auf Englisch
	einen Service auf Deutsch
	eine klare Suppe von Hopfen
	ein Stück Rindfleisch, Sauerkraut mit Bratwürsten
Zweyte Tracht	einen Timbal von Makkaroni
	ein Karree von Kalbfleisch mit sauerm Rahm
	eines von Hühnern auf deutsch

Dritte Tracht	Schnepfen für Braten Spargel mit weißer Soße eine Pomeranzensulz	

Wer, bitteschön, nach dem alten Modus kochen möchte, der – so unser bayerischer Hofkoch – solle »ehender zu einer Bauernhochzeit seinen Fleiß anwenden«.
Einen größeren Kontrast gibt es nicht, wenn man eine Speiseordnung einfacher Menschen mit der Feudalkost vergleicht: Die Angestellten der Waldburg'schen Gutsverwaltung in Wolfegg, meist Handwerker, Dienstboten, Landarbeiter und Froner, erhielten Gemeinschaftsverpflegung im Gesindehaus.
Für sie wurde 1767 eine »Bauhofordnung« erlassen, die natürlich auch diese Verpflegung bis aufs i-Tüpfele regelte (die Zwischenmahlzeiten wurden meist auf dem Feld eingenommen[21]:

»Wo und was vor Kost denenselben gereicht werde«

Am Sonntag	morgens:	Suppe
	mittags:	Suppe, auf jeden Tisch eine Pfanne mit gerösteten Knöpflein, Rüben oder Kraut und einen Napf Milch, ohne Tischbrot
	nachts:	ein gebrenntes Hafermus, Kraut oder Rüben und ein Napf Milch
Am Montag	morgens:	Suppe und ein gewässertes Hafermus
	mittags:	Suppe, ein Körnermus in Wasser, Rüben oder Kraut, ein Napf voll Milch und auf jeden Tisch ein Laible Brot, jeweils 2 Pfund schwer
	nachts:	wie Sonntag
Am Dienstag	morgens:	wie am Montag in der Früh
	mittags:	Knöpflein in der Schüssel neben der Suppe, Kraut oder Rüben, Milch, nebst einem Laible Brot
	nachts:	wie am Sonntag und Montag

Am Mittwoch	morgens:	wie am Montag
	mittags:	wie am Montag
	nachts:	wie am Montag
Am Donnerstag	morgens:	wie am Montag
	mittags:	gebratene Knöpflein, Kraut oder Rüben, auch Milch
	nachts:	wie an den vorhergehenden Tagen
Am Freitag	morgens:	wie an den anderen Tagen, auch Suppe und Wassermus
	mittags:	wie am Montag oder Mittwoch
	nachts:	wie an den anderen Tagen
Am Samstag	morgens:	wie an den anderen Tagen
	mittags:	wie am Dienstag und Donnerstag
	nachts:	wie an den anderen Tagen

All diese Dienstboten, Handwerksleute oder Tagwerker, die Hirten und Lehrjungen ausgenommen, bekommen nebst dieser Kost täglich ein Laible Brot, die Hirten und Lehrbuben aber halb soviel. Bei allen Mahlzeiten muß der Baumeister fleißig erscheinen, das Tischgebet mit dem Gesinde sprechen und keine andere als diese Kost genießen.
Die Ordnung wird das ganze Jahr »stricte observiert«, außer Neujahr, Fasnachtssonntag, Ostern, Pfingsten, Maria Himmelfahrt und Weihnachten: Da wird 30 Pfund Rindfleisch und ein oder auch manchmal ein halber Eimer Seewein ausgegeben. Am Funkentag, am 1. Mai und an der Sichelhenke gibt's Küchla und Essen wie an Sonntagen, manchmal auch Wein. Übrigens gilt noch »der löbliche Gebrauch, daß diese Gesindsleute in der Fastenzeit alle Tage, an allen Abenden von Marienfesten und an Samstagen aber das ganze Jahr dem Rosenkranz in der Hofkapelle fleißig beiwohnen müssen«.

Wollte man den Inhalt dieser »Bauhofordnung« bewerten, darf man nicht übersehen, daß sich zwei soziale Schichten gegenüberstehen:

Dort die Oberschicht – der Adel und der hohe Klerus – hier die Unterschicht: unselbständige, kaum ausgebildete und von der Oberschicht völlig Abhängige. Die Volks- und Grundnahrungsmittel lassen sich an der Wolfegger Speisefolge leicht ablesen: Zuhauf Mehlspeisen, Suppen, Müslein und Brot. Vitamine und weitere lebensnotwendige Bestandteile neben dem ständigen Stärke- und Kohlehydratüberfluß nahmen die Menschen zu sich, indem sie meist Kraut (Kappiskraut oder Rübenkraut), aßen[15]. Der beliebteste Salat war damals wie heute der Kopfsalat, den man allerdings Gartenlattich nannte; daneben gab es Rettich- und Kukummernsalat (Gurken). Wenn Essig für den Salat rar war, behalf man sich mit Krautwasser oder Knollenwasser (saure Molke). Bis zur Verbreitung der Kartoffel im 19. Jahrhundert wurden viel Bohnen (die sogenannten Schwabenbohnen), Linsen, Erbsen und Mohn (wegen des Öls) angebaut[22].
Fragt man heute einen oberschwäbischen Bauern, was seine Vorfahren am Sonntag gegessen hätten und was das traditionelle festliche Fleischessen gewesen sei, antwortet er gewiß: »Schweinebraten in schwarzer Soße mit Nudeln.« Auch hier prägt das 19. Jahrhundert unsere Vorstellung von Geschichte und Tradition. Mit den Nudeln mag unser Bauer recht haben, mit dem Schweinebraten nicht. Selbst Weingarten als reichstes oberschwäbisches Kloster hielt in seinem 280 Hektar großen Gutsbetrieb (»Bauhof«) nur 20 Schweine[23]. In der Wolfegger Ökonomie gab es gar keine. Mit anderen Worten: Wenn einmal Fleisch gegessen wurde, dann fast nur vom Rind oder vom Geflügel (es gab aber kaum Gänse!) in Form von Siedfleisch, Brühe, Schmalz oder Speck. In der Abtei Weingarten wurden etwa 11 kg Siedfleisch pro Jahr und Kopf im Gesindehaus verzehrt. Wenn Schweine gehalten wurden, dann hielt man sie in der Eichelmast. Heute noch kann man das an den Flurnamen »Hardt, Härdtle, Herd(le) etc.« leicht erkennen. Das sind dann die Eichenwälder gewesen, in denen die Schweine ihr Futter suchten.
Solch eine Waldweide habe ich noch vor wenigen Jahren in Transdanubien (Ungarn) beobachten können. Ich mußte schon zweimal hinsehen, um die Tiere als

Schweine zu erkennen; denn sie glichen eher Hunden. Wegen der ständigen Bewegung waren sie hochbeinig und mager.
Neben dem Rindfleisch gab es an besonderen Feiertagen, wie der Sichelhenke oder der Kirbe (Kirchweih), gefüllte Tauben, verschiedene Sorten von Singvögeln, Enten aller Art, Krebse und Frösche (die beiden letzteren gehörten ursprünglich zu den Speisen der Armen).

Nichts anderes als ein makabres Rezept aus der Barockzeit für ein Krebsgericht ist folgendes:

Krebse lebendig aufzutragen[19]

daß sie noch rot sind: Nehme beliebige Krebse, übergieße sie mit Branntwein und zünde ihn an, bis er ausgebrannt ist. Auf diese Weise werden die Krebse schön rot und bleiben doch alle lebendig. Lege sie hernach auf eine Platte und trage sie wohl zugedeckt auf den Tisch. Wenn man sie aufdeckt und sie Luft empfangen, laufen sie davon. An den Krebsen ist deswegen nichts verderbt, sondern wenn die Köchin den Spaß angebracht hat, nimmt sie solche geschwind in eine fertig gehaltene Pfanne mit siedendem Wasser, läßt sie sieden und trägt sie wieder auf.

Frösche zu backen[20]

Wenn die Frösche gehörig geputzt und gewaschen worden sind, werden sie eingesalzen; dann gleich darauf in untereinander gemachtem Semmelmehl umgeschwungen und aus heißgemachtem Schmalze schön gelb herausgebacken. Oder man macht ein Teiglein von Milch, Mehl und Eiern, wie einen dicken Flädleteig, kehret die eingesalzenen Frösche darin um und backt sie ebenfalls aus heißgemachtem Schmalz gelb heraus. Es kann auch ein ganz dünner gebrühter Teig dazu gebraucht werden.

Interessant ist die Beobachtung, daß der Fleischverbrauch mit zunehmender Zivilisation zu-, der Brotverbrauch abnimmt. Um 1800, dem Ende der Barockzeit in Oberschwaben, lag der Brotkonsum auf Weingartner Territorium pro Kopf und Jahr sogar bei 300 kg[23].
Wieder müssen wir unseren Mönchdichter, Pater Sebastian Sailer, aus dem reichsfreien Prämonstratenser-Stift Marchtal (heute Obermarchtal) bemühen, der diese theoretische Materie zum Leben erwecken kann[17].

Aus dem Klagegesang der Eva	Frei übertragen bedeutet dies:
Suppa, Knöpfla, Spatza kocha,	Suppen, Knöpflein, Spätzlein kochen,
schpüala, schaffa ganze Wocha	spülen, schaffen (die) ganze Woche
(...)	
Schnittla macha, Nudla schupfa,	Schnittchen machen, Nudeln zubereiten, (eigentlich: wegstoßen)
Erbes und Fasola schtupfa	Erbsen und Bohnen stecken
und darnoh zum Lau	und danach zum Lohn
d'Moischterschaft itt hau	die Meisterschaft nicht haben

Bauernhochzeit

Suppa, Kraut und Kuttelfleck,	Suppe, Kraut und Kuttelfelck,
schöana grauße Schtücker Schpeack,	schöne große Stücke Speck,
Zwetschga, broatne Gäus und Dauba,	Zwetschgen, gebratene Gänse und Tauben,
Schnitta, Schtrauba,	Schnitten, Fettgebäck (ähnlich wie Fasnachtsküchlein),
Bauraküachla, Oyerbraud;	Bauernküchlein, Eierbrot,
Lenz frißt sich schier halba daud.	Lenz frißt sich fast halb tot.
Rüaba, Rindfloisch, Sulz und Reis,	Rüben, Rindfleisch, Sülze und Reis (!)
geala Broatwüscht, süaße Schpeis	gelbe Bratwürste, süße Speisen
duat ma läschtle viel auftraga.	tut man mächtig viel auftragen.

Auffallend bei den bisher vorgestellten Gerichten war die große Zahl an Krebsrezepten. Als ich mich auf die Suche nach den Krebsen machte, mußte ich erfahren, daß es in den oberschwäbischen Gewässern kaum noch Krebse gebe. Welche man kaufen könne, kämen aus Kanada. So ändern sich die Zeiten: Früher ein Armenessen, heute kaum bezahlbar. Das fischreiche Oberschwaben, so könnte man meinen, müßte doch eigentlich besonders gute und zahlreiche Rezepte für Fischgerichte überliefert haben! Dem ist nicht so. In der Barockzeit gab es lediglich zwei sehr begrenzte Zonen, in denen Fisch gegessen wurde, sehen wir einmal vom importierten Stockfisch ab. Das war um den Federsee und am Bodensee. In sehr vielen Städten und Flecken mehren sich gerade im Barock die bischöflichen Dispense, die den Fleischgenuß in der Fastenzeit erlauben. So erhielten z. B. die Gemeinden Eintürnenberg 1684 und Waldsee 1734 die Erlaubnis des Konstanzer Fürstbischofs – gegen Geld–, in der Zeit zwischen Aschermittwoch und Ostern Fleisch zu essen, außer am Mittwoch, Freitag und Samstag[24]. Kurios erscheint uns heute auch das Ersuchen der Deutsch-Ordensritter auf der Insel Mainau im Bodensee, der Hoch- und Deutschmeister möge sie vom Fleischverbot in der Fastenzeit befreien . . .[14].

*

Dreihundert Jahre zuvor hatte gerade der Deutsche Orden den großen Altshauser Weiher angelegt, um den Fischbedarf abzudecken. Die zahlreichen Weiher in Oberschwaben waren meist klösterliche Fischteiche und zeugen heute noch von mittelalterlichen Fasten- und Abstinenzgeboten.
Scheint Fisch nicht sehr beliebt gewesen zu sein, war es Wildbret um so mehr. Bloß mit einem Unterschied, Fisch gab es – Wild für den einfachen Mann nicht, denn dies zu jagen war ein Vorrecht des Adels. Und wenn ein Bauer einmal an einen solchen Braten gekommen war, ist dies meist nicht mit (ge-)rechten Dingen zugegangen. Aus zwei Gründen schmeckte freilich ein gebeizter Rehschlegel doppelt gut: Einmal verminderte man den immensen Wildschaden, und zum zweiten konnte den Herrschaften eins ausgewischt werden (die Forderung nach freier Jagd war ja im Bauernkrieg ein wichtiger Punkt gewesen).

Wie groß der Wildschaden in der Barockzeit war, kann man an der Jagdbeute von 1000 Hirschen und Rehen ablesen, die innerhalb einer einzigen Woche in den Wäldern um Königseggwald und Riedhausen von Graf Herrmann und seiner adligen Jagdgesellschaft erlegt worden waren. Diese Jagd war auf Drängen eines Pfarrers zustande gekommen, der damit seinen Bauern helfen wollte[25]. Vom »größten« Räuber dieser Zeit, dem bayerischen Hiesel, der in den Wäldern zwischen Wurzach, Ottobeuren und Kempten sein Unwesen trieb, wird berichtet, daß er sich bei den Bauern Sympathien erwarb, indem er ihnen billig zu einem Hirschbraten verhalf und damit zur Verminderung des Wildschadens beitrug. Aber das war nicht der einzige Grund, warum Matthias Klostermeyer bei den leibeigenen Bauern wohl gelitten war...[26].

Schon morgens Weißbier und saurer Wein

Da und dort in Oberschwaben wird noch heute am Hochzeitsmorgen den Gästen die »Morgensupp« gereicht, bestehend aus Bier und Würsten. Dies ist eine der wenigen Eß- und Trinkgewohnheiten, die sich im Lande aus der Zeit vor 1800 erhalten hat. Most, so glaubt heute jeder rechte Oberschwabe, sei das typische Volksgetränk der Vorväter gewesen. Tatsächlich wurde jedoch in der Barockzeit, wie es die »Morgensupp« zeigt, vorwiegend Bier getrunken. Selbstverständlich gab es daneben vereinzelt auch »Bierenmost« (Birnenmost).

Dementsprechend tauchen seit Ende des 16. Jahrhunderts verstärkt professionelle Bierbrauer auf, die z. B. in Ravensburg der Bäckerzunft angegliedert wurden und den dortigen sehr regen Weinanbau langsam zurückdrängen[27]. Nach dem Dreißigjährigen Krieg hat das obergärige Weißbier ganz Oberschwaben erobert; hergestellt wurde es zum Teil sogar zu Haus. Bei einigen wohlhabenden Bauern hat sich das Biersieden noch im ganzen 19. Jahrhundert halten können, bis es dann zu Beginn des Ersten Weltkriegs überall aufhörte, da man die kupfernen Kessel abliefern mußte.

Drei über neunzigjährige Bäuerinnen aus Berkheim (Kreis Biberach)[28] erinnern sich noch heute, daß auf ihrem Hof sommers alle 14 Tage, winters alle drei Wochen sieben bis acht Fässer zu 40 Liter Bier gebraut wurden. Das eigene Bräuhaus war im rückwärtigen Teil der Backstube untergebracht. In Kupferkesseln wurden Wasser, Malz, das in der »Krone« gemelzt worden war, und Hopfen unter ständigem Rühren gesiedet und dann mit Schapfen in Bottiche gefüllt. Anderntags wurde der Sud gesiebt und in die »Kühle« (eine große Kupferkanne) getan, von dort in Fässer gefüllt. In der Küche ließ man ihn zwei bis drei Tage gären, danach im Keller lagern. Die drei Frauen wissen noch zu berichten, daß die abgeschöpfte Bierhefe sich hervorragend zum Backen verwenden ließ.

Getrunken wurde sehr viel. Bekannt ist, daß noch im 19. Jahrhundert jeder Knecht täglich fünf Liter Most beanspruchen durfte[29]. Und aus der Fahrtkostenrechnung

eines hohen Adligen geht hervor, daß er tagsüber (er befand sich gerade in Innsbruck) vier Maß (Wein? Bier?) vertrug[30]. Dazu kommen die Getränke während der Mahlzeiten. Es gehörte auch zur Gewohnheit, den Tag entweder mit einem Maß Weißbier oder einem Becher Wein zu beginnen, weswegen mancherorts das Frühstück »Morgentrank« hieß. Zu festlichen Anlässen oder am Sonntag im Wirtshaus griff man zum besseren Braunbier oder zum Seewein.
Die Wirte, deren Obrigkeit Weingärten am Bodensee hatten, waren verpflichtet, den herrschaftlichen Wein auszuschenken. In der Herrschaft Wolfegg betrug die Weinsteuer 1725 die stolze Summe von 918 fl (Gulden)[31]. Zum Vergleich: Der Braumeister erhielt ein Jahresgehalt von 150 fl, eine Magd zehn fl, ein Unterknecht sieben fl, allerdings bei freier Kost und Logis.
Daß die Qualität des Bieres auch damals schon recht unterschiedlich war, sagt uns Sebastian Sailer in den »7 Schwaben«[17]. Die sieben Schwaben überkommt die Angst vor der Schlacht, sie hoffen auf Hilfe von oben, wobei der Spiegelschwab spricht: »Ih will a Rieadlingar Bier eineamma z'Morgas und z'Obads zwölf Dropfa, und dees vier Wocha lang. Doh dees muaß ih mir ausbitta, wenn ih aug'fähr dia schwedisch Kur itt könnt aushalta, so laß mih lieaber in dar Schlaacht schterba. As ischt doh a graißere Aihr darbey, as Soldat fürs Vaterland umkomma, as an so ara saura Purganz.«
Ich will Riedlinger Bier einnehmen, morgens und abends 12 Tropfen, und das 4 Wochen lang. Doch das muß ich mir ausbitten, wenn ich ohne Gefährdung diese schwedische Kur (Schwedentrunk) nicht aushalten kann, so laß mich lieber in der Schlacht sterben. Es ist doch eine größere Ehre dabei, als Soldat fürs Vaterland umzukommen als durch solch eine saure Purganz (Abführmittel).

Wer sich mehr als weißes oder braunes Bier leisten konnte, trank üblicherweise Seewein. Das Kloster Weingarten verbrauchte davon im Jahr 47000 Liter; davon wurde ein guter Teil zum Waschen des Viehs und zum Anmachen des Mörtels verwendet. Am Ende des 18. Jahrhunderts wurden sogar bis zu 84000 Liter weiterverkauft[23]. Wer sich noch mehr leisten konnte, griff zu den klassischen Weinsorten: Burgunder, Tokajer, Rheintaler, Veltliner, Südtiroler[32].

Der Unterschied zwischen dem einheimischen Bodenseewein und den ausländischen Weinen bestand in der Qualität. Damals waren der Hagnauer, Meersburger etc. so sauer, daß im Schauspiel »Der Fall Luzifers« von S. Sailer der Teufel wegen seiner Höllenbosheit dazu verdammt wurde, ein Glas Seewein zu trinken[17].

Gott Vater:

Michel! gang in Kealler,	Michael, geh in den Keller,
do hoscht Rheiwei, Muskateller,	da gibt's Rheinwein, Muskateller,
Mosler, Neckarwei, Burgunder	Mosler, Neckarwein, Burgunder
in di Flascha ganze Plunder.	in den Flaschen ist viel von dem Zeug.
Velteliner und Tyroler	Veltliner und Tiroler
seand au guate Magasohler...	sind auch gute Magensohler...
Sag nu, was witt saufa?	Sag nun, was willst saufen?
uß di Flascha mit de Schraufa?	Aus den Flaschen mit den Schrauben?
Witt Marggräfler und Elsäßer?	Willst Markgräfler und Elsässer?
doh dar Saiwei ischt a räßer,	Da, der Seewein ist ein saurer
heeter G'sell...	harter Gesell...

Michael:

Das Gott verbarm! ischt dees a Wei,	Daß Gott erbarm! ist das ein Wein
s'ka uf dar Wealt noitz säurers sei...	es kann auf der Welt nichts saurer sein.

Während beim Essen und bei den Eßgewohnheiten der Menschen im 17. und 18. Jahrhundert Besonderheiten nicht gleich auffallen, haben wir leicht feststellen können, daß als Getränk das Bier an erster Stelle stand.
Was überhaupt denn haben die Menschen vor 1600 im allgemeinen getrunken? Seit dem frühen Mittelalter wurde überall in Deutschland Wein getrunken, sogar bis Tilsit hinauf gab es Weinanbau[33]. Um 1400 umfaßte die Rebfläche im deutschen Reich 300000 Hektar bei einer Bevölkerungszahl von rund zwölf Millionen. Dies

bedeutet das Dreifache des Anbaus von heute[34]. Auch in Oberschwaben weisen fast überall Flurnamen auf einen mittelalterlichen Weingarten hin, z. B. Weinhalde, Sommerhalde, Steinriegel, Himmelreich, Paradies[35].

Es war allerdings ein schlechter Wein, aus harten und sauren Trauben gepreßt. So ist verständlich, daß der wallfahrende Schwabe, als er weiland in Italien einen Lacrimae Christi (Christi Tränen) vorgesetzt bekam, ausrief: »Du lieber Gott, warum hast du nicht auch im Schwabenländle geweint?« – Aus der Not wurde eine Tugend gemacht und der Wein gesüßt und gewürzt mit Wermut, Honig, Beerensaft.

Aus St. Gallen – damals noch zu Schwaben gehörig – ist ein Rezept aus dem elften Jahrhundert überliefert: 8 Teile Rotwein, 1 Teil Wasser, 1 Teil Honig; Zutaten, die im Mörser zerstoßen werden: Ingwer, Zimt, Nelken, Safran, Paradieskörner, Nardenwurzel[34].

Weit bekannt ist ein anderes Getränk, das sich teilweise bis ins 18. Jahrhundert erhalten hat, der Met[36]:

Wein, den man Met nennt

und der in Ungarn, Polen und England viel getrunken wird, auch lieblicher und gesünder ist, als viele Weine sind.

Dazu wird genommen guter Honig 20 Pfund, Wasser 120, das läßt man kochen, und schäumt es wohl ab, daß alles einkocht bis auf 80 Pfund; wenn dasselbe kalt worden und man es in ein Weinfaß gossen, so tut man von gemeinem Sauerteig hinein 6 Unzen oder soviel, daß es davon gärend wird und sich läutern kann: Hernach hängt man in einem Tüchlein hinein, aber daß es nicht auf den Boden rühre: Zimt, Paradieskörner, Pfeffer, Ingwer, Nelken jedes zwei Quintlein: Holunderblüten eine gute Handvoll; das läßt man so im Winter in einem Weinkeller, den Sommer aber 40 Tage an der Sonne liegen, bis es einen Weingeschmack bekommt und die Geilheit des Honiggeschmacks verlieret. Wenn man aber den dritten Teil Wein dazu tut, so wird es annehmlicher zu trinken.

Einen guten gemeinen Met zu machen

Honig ein Teil, frisches lauteres Brunnenwasser 8 Teil, tu es in einen kupfernen Kessel über ein helles Feuerlein, laß es sieden, und sobald sich etwas aufwirft, so verschäume es wohl. Will man ihn frisch hinwegtrinken, so muß man ihn nicht zu dick einsieden lassen; will man ihn aber eine Zeitlang verwahren, so läßt man ihn so lange sieden, bis er klebrig wird; alsdann in ein Faß getan, aber es muß auf 2 Querfinger breit ledig stehen, wegen des Gärens. Man mag auch Zimt, Muskatblüten und Nüsse, Nelken, Ingwer und Galgan in einem Tüchlein darein hängen: Auch der Farbe wegen etwas Safran, und also vergären lassen: Und wenn er vergoren, soll er 3 Monat lang verstopft liegen bleiben und danach getrunken werden.

Eine ganz neue Art des Trinkens kam seit dem Dreißigjährigen Krieg bei uns auf, das »Tabaktrinken«[22]. Gemeint ist natürlich das Rauchen – mit kurzen, kleinen Pfeifen, die auch »Galgennägel« genannt wurden. Erste Schnupfer gab es seit 1680. Trotz ärztlicher Warnung griff das Rauchen und Schnupfen um sich. Der Gebrauch des Tabaks sei noch ein anderer Mißbrauch... sei eine Art Tollkraut, welches das Gehirn verwirre, so wie Opium, hieß es in einem Gesundheitsbuch[37]. Möglichkeiten, Tabak, Wein oder Bier zu trinken, gab es überall in Oberschwaben genug: Nicht nur in den Zunftstuben, nicht nur bei Sitzungen im Schwör- oder Rathaus, sondern in den ungezählten Tavernen der Städte. Waldsee hatte 1770 bei 1235 Einwohnern[38] nachweislich 25 Wirtschaften[39]. Da liegt die Vermutung nahe, daß die Barockzeit trotz vorheriger Unkenrufe doch lebensfroh gewesen sei – auch für die Mehrheit! Die »Grundgesetze« der oberschwäbischen Ländchen geben dazu eine eindeutige Antwort[40].

Zur Polizeistunde: »Bestimmen Wir, daß man sich im Wirtshauße im Sommer nicht über 10 und im Winter nicht über 9 Uhr aufhalten dürfe.«

Zum Trinken: »Fordersamst sollen unsere lieben Unterthanen sich der Nüchternheit befleißen. Berichtigte Vollsäufer werden unnachläßig zur Strafe gezogen werden, so wie jene, die dazu Anlaß geben.«

»Keinem Unterthanen ist erlaubt, fremdes Bier oder anderes Getränk (...) in die Herrschaft hereinzubringen und einzulegen, noch Zechen und Zehrungen, die in die diesseitige Tafernwirtshäußer gehören, anderwerths anzustellen (...).«
Nicht, daß nur »inländische« Getränke getrunken werden durften, sondern die Qualität des Alltags angebotenen Essens ließ oft zu wünschen übrig. Aber inzwischen wird sich einiges geändert haben, nicht nur in Isny[41]: »In Isny bekamen wir eine aufgeschmalzte Reissuppe, ein Stück aufgewärmtes Rind..., Hammelfleisch, stinkendes Sauerkraut und Salat mit ranzigem Öl.«

Die Wirtschafterin bei der Bestandsaufnahme.
Barockgemälde des Wolfegger Hofmalers Roth. Schloß Wolfegg

Spätbarocke Tür mit Darstellung eines Jagdessens (oben) und verschiedener Käsesorten (unten). Pfarrhaus Bodnegg, Kreis Ravensburg

Die Küche des Adels und des gehobenen Bürgertums
als Puppenküche im Kloster Bonlanden bei Ochsenhausen/Oberschwaben

Auf'm Schloß und bei anderen »besseren« Leuten

Ein Küchenmeister mit einem Schwarm von Ober- und Unterköchen, ein Zuckerbäcker, Dekorateur, Maler, Architekt, ein Blumenarrangeur und eine ganze Musikkapelle, alle waren notwendig, wenn man so richtig barock schlemmen wollte: »Fasan mit indischen Vogelnestern und Azia, junge kalekutische Hähne mit Soja, Forellen in Wein«[42] schmecken natürlich mit Dittersdorf oder Gluck besser!

Wichtiges Merkmal des Barock ist die Illusion; Täuschung ist alles. Wie die Perücke die eigenen Haare überdeckt, so verbirgt sich hinter einem Gericht »Wildschweinkopf« ein Fischessen, garniert mit erlesenen Früchten. Ein Mahl soll nicht nur die Urbedürfnisse Essen und Trinken befriedigen, es soll – beim Adel – Zeichen der Auserwähltheit sein und alle Sinne des Menschen ansprechen. Deshalb wurden bei den barocken Schauessen genüßlich die abgenagten Rehschlegel unters darbende Volk geworfen, das sich erbittert um die feudalen Reste stritt. Durchlaucht schauten zu und amüsierten sich. Und je wilder das Volk untereinander raufte, desto klarer wurde es, daß der liebe Gott die Menschen eben nicht nach seinem Bilde, sondern in mindestens zwei Kategorien geschaffen hatte. Die Privilegierung, das Vorrecht des Adels vor dem niederen Volk, ließ sich beim Essen besonders deutlich darstellen: Am Wiener Hof gab es täglich eine Auswahl von 15 bis 20 Sorten Weines und bis zu 50 Gerichten. Bei den habsburgischen Verwandten in Madrid sogar 80 Gerichte, abends »nur« 40[43].

Aber wozu brauchte man denn die Handwerker, die man gemeinhin kaum im Umfeld der Kochkunst vermutet? Sie mußten Tafel und Speisen so herrichten, daß alle Sinne angesprochen werden konnten und ein Gesamtkunstwerk entstand. Nicht nur mit dem Mund, sondern mit Ohren und Augen gleichermaßen wurde gegessen. Beim berühmten Friedensessen zu Nürnberg 1649 hingen Mengen von Gartenfrüchten an echten Bäumen[44]. Einmal war die Tafel als Feldlager, einmal als

Garten Eden und ein andermal als Schiff hergerichtet. Nicht selten ließ man lebendige Tauben mit den gebratenen auffahren...
Das war ein Leben, als es zur Morgensuppe Zuckerwerk, Malvasier und Rheinwein gab und ein Taufessen aus 40 Gerichten bestand, wozu 1125 Krebse, 192 Stück Geflügel, elf Zicklein, zehn Spanferkel und 34 Hasen ihr Leben lassen mußten, zudem noch knappe 15 Zentner Fleisch verzehrt wurden[45]!

Zurück nach Oberschwaben: Wie auf dem Bild des Wolfegger Hofmalers Roth zu sehen ist, wurde hierzulande auch üppig gegessen; Singvögel, Eichelhäher, kurz alles, was kreucht und fleugt, mußte herhalten.

Das gesellschaftliche Ereignis des 18. Jahrhunderts war sicherlich die Reise der Erzherzogin Marie Antoinette von Österreich durch Oberschwaben[46]. Sie war auf dem Weg von Wien nach Paris zu ihrem Bräutigam Ludwig, der wie sie wenige Jahre später durch die Guillotine umkommen sollte. Mit ihrem Gefolge, das aus 500 Personen bestand – darunter ein 73köpfiges Küchenpersonal – erreichte sie am 19. April 1770 das Gebiet des Schwäbischen Kreises. Nicht nur das Stift Marchtal jubilierte (Sebastian Sailer verfaßte eigens die Kantate »Beste Gesinnungen schwäbischer Herzen«). Die schwäbisch-österreichischen Landstände bereiteten ihr in Günzburg einen begeisterten Empfang: Würste, Schinken, Kapaune, Fasane und anderes Geflügel hingen an gebratenen Ochsen, die auf einem Wagen herangerollt wurden. Auf einem anderen war Wein, auf einem dritten Bier etc., schließlich auf einem fünften Brot.
Aus Schlesien wird ein Vorfall berichtet, der zeigt, daß man schon damals nicht nur auf Vielfalt, sondern auch auf Menge großen Wert legte[44]. Kurz vor Großglogau hatte ein polnischer Adliger seinen Diener vorausgeschickt, um bei einem Wirt ein Mahl für 24 Personen zu bestellen. Als der Herr daselbst angekommen war, verschlang er alles allein.
Die Kehrseite der Medaille gab es freilich auch beim Adel[47]: 1650 bettelt ein verarmter Adliger aus dem Hegau bei seinem Verwandten um ein Almosen mit der Begründung, er esse täglich neben einer schlechten Suppe nur saure Rüben...

»Suppe mit Karfiol (Blumenkohl) und Hühnermägen, Lunge und Bries in saurer Soße mit Zitronen und aufgelegter gerösteter Leber, Rindfleisch mit Zugehör, Sauerkraut mit geräucherter Zunge, Schweinefleisch, Karfiol mit gebackenen Hühnern, Kalbsbraten, Schinken, Salat, gespicktes Wildbret mit Gänsebraten, Brod- und Weichseltorten (Sauerkirschtorten), feines Obst, Trauben und Confect, Caffee mit Rahm, verschiedene Weine« – dies ist nicht – wie man auf den ersten Blick vermuten könnte – ein herrschaftliches Menü, sondern – und damit wird bewiesen, daß »barockes« Essen allen reicheren Schichten offenstand – die Speisefolge eines Gastmahls für die Honoratioren der Reichsstadt Ravensburg anläßlich des Rutenfestes[48].

Der bekannteste Prediger der Barockzeit, Pater Abraham a Sancta Clara aus Wien, der als Ulrich Megerle in Oberschwaben (Kreenheinstetten bei Beuron) das Licht der Welt erblickte, erhob angesichts der »neuen Küche« Anklage gegen »Gott Wampelius«. Seine Strafpredigt ließe sich ohne viel Federlesen auch auf die heutige »neue Küche« übertragen:
»Ist es etwa rühmlicher, den Bauch zur Gottheit zu erheben? Bald opfern wir ihm gesottene Speisen, bald ungesottene, bald kalte, bald warme Speisen, bald geräucherte, bald geröstete, bald gebackene Speisen, bald süße, bald saure Speisen, bald gesalzene, bald gesulzte Speisen, im Kessel, am Bratspieß, am Rost zubereitet, wie die heutige Mode es erfordert. Auf einfache Gerichte, mit denen sich unsere Vorfahren begnügten, sieht man verächtlich herab. Jetzt muß jede Schüssel, die auf den Tisch kommt, Zutaten enthalten, die vom anderen Ende der Welt stammen: Pfeffer von Java, Zimt von Bengalen, Zucker von Brasilien, Gewürznelken von den Molukken, Rosinen von Ormusio und Muskat von Gott weiß wo«[49].
Was dem Adel und dem wohlhabenden Bürgertum recht war, war dem Klerus nur billig, allerdings richtete sich bei der Weltgeistlichkeit der Luxus nach dem Umfang der Pfründe. Gut hatten es nicht nur die in der Tat reichen Reichsabteien in Oberschwaben, sondern auch die Klöster der Bettelorden. Sie alle konnten sorgenlos beten: »Vivat, es lebe der Prälat, der Herr segne ihn fürder, wahrlich, er hat einen herrlichen Tisch«[50].

Herrlich war der Tisch in der Tat das ganze Jahr hindurch. Sehen wir doch einmal, was auf der Speisekarte – wahllos herausgegriffen – der Abtei Ottobeuren angeboten wurde:

1. September, Dienstag

Mittagessen: Zweierlei Suppen, Schafswürste, Kuttelfleck, Rindfleisch, Zugemüse von weißen Rüben mit Schaffleisch, zwei Pasteten mit Hühnern, Knödel von geselchtem Fleisch, ein Kapaun mit drei Rebhühnern, Artischocken, Rehschlegel, Schafsbraten, Salat, Buttertorte, Biskuittorte.

2. September, Mittwoch

Mittagessen: Rehwildbret, Rindfleisch, Verstich (»Kratzeda«) mit Schaffleisch nebst Kren (Meerrettich) und Rettich, Pasteten mit Hühnern, Knödel von geselchtem Fleisch, zwei Kapaune mit verschiedenen Vögeln, Karfiol (Blumenkohl) mit Artischocken, Rehschlegel, Schafsbraten, Salat, Buttertorte, Biskuittorte, verschiedenes Obst[51].

Da mußte der Pater Küchelmeister nicht nur Künstler sein, sondern auch Archimagirus, ein Erzzauberer, wie sein Titel bei den Benediktinern lautete[52]. Wenn gar noch ein Fest zu feiern war, dann wird unser herkömmliches Bild vom barocken Essen wieder ins richtige Lot gerückt[53]:
»Um 12 Uhr ging man zur Mittagstafel ins Refektorium, vor welchem unser gnädiger verehrungswürdigster Ehrengast mit frohem Trompeten- und Paukenschalle empfangen worden. (...) Nach aufgetragenem zweitem Gange von Speisen wird ein schönes Tafelstück von Signore Haydn producirt, die hohen Gesundheiten solemniter getrunken, nachher war der Tafel nach bereits 3 Uhr ein Ende, gleich aber darauf das Caffeetrinken, wovon auch Reverendissimus Hospes eine Tasse zu genießen beliebt, in der unteren oder Gastabtei der Anfang gemacht.«
Alle Achtung, wie weltaufgeschlossen die Norbertiner aus Weißenau sich mit Kaffee und Joseph Haydn zu geben wußten!

In Süddeutschland soll im 14. Jahrhundert jeder Mönch täglich vier Liter Wein getrunken haben[54]. Für die Barockzeit in Oberschwaben läßt sich diese Menge nicht bestätigen. Nur soviel ist sicher, daß die Söhne des hl. Benedikt, des hl. Norbert und des hl. Franziskus nicht sehr abstinent gelebt haben. Vom aufklärerischen Standpunkt aus gesehen, liest sich das dann so: »Der Wein erheiterte alle Gemüter, besonders freuten sich dessen die mit großem Umfang begabten, zum Teil wie Kupfer gemalten rot- und schwarzzottigen Kapuziner, deren geistlose Augen weintrunken und stier auf den Tisch glänzten«[50].

Überhaupt hatten die Mönche es leicht, allerlei Ausreden zu erfinden, um die Regula S. Benedicti oder die kirchlichen Fastengebote zu umgehen: Da ließ man sich gern zur Ader, um als Kranker Fleisch essen zu dürfen; oder es wurde das Geflügel den Fischen gleichgesetzt, weil ja die Vögel am selben Tag wie die Fische erschaffen worden seien! Da aß man an Fasttagen alles, was im Wasser lebte, also auch Wildenten, Fischotter und Biber, dessen Schwanz als Delikatesse galt. Theologischer Sophisterei war keine Grenze gesetzt[34].

Aber decken wir dies alles mit dem Mantel der Toleranz zu. Wir wissen ja, daß damals wenige aus echter Berufung ins Kloster gegangen waren: Nur wegen des Weinens und Bittens seiner Mutter sei er ins Waldseer Stift eingetreten, meinte 1782 ein Chorherr[13]. Und so lassen wir Ihnen den Spaß und die Freud am Essen und Trinken.

Ein Tag bei Ackerbürgern, Bauern und übrigem Volk

Die Mehrheit der Bevölkerung aß armer Leut' Essen: Da waren die Klein- und Ackerbürger der Landstädtchen, die neben ihrem bescheidenen Gewerbe ein noch bescheideneres »Gütle« umtrieben. Da waren die Landleute, zusammengesetzt meist aus Fall-Lehenbauern, deren Hof nach ihrem Tod an die Herrschaft wieder zurückfiel, und aus Seldnern, den Kleinstlandwirten, die noch nebenher verdienen mußten, z. B. mit Musselinstickerei, wie in Reute bei Bad Waldsee[55].

Dazu kam noch die Menge der Bettler und der nicht weniger armen Fahrenden. Diese können wir uns heute nur noch schwer vorstellen; denn sie gehörten zum alten, aus dem Mittelalter stammenden Sozialgefüge. An den Bettlern konnte man tagtäglich eine christliche Tugend üben: die Armen speisen. Am Ende des 18. Jahrhunderts kamen zu der jährlich stattfindenden Armenspeisung bis zu 1000 Bettler an die Pforte des Schlosses Altshausen. So groß war ihre Zahl um die Residenz herum.

Im Schatten der mächtigen Basilika Weingarten lag der Flecken Altdorf. Dort waren ein Drittel der Bevölkerung Bettler. Von den Handwerkern war ein Drittel so arm, daß sie sogar »die nächste Anwartschaft (hatten), in die erste Klasse der Bettler einzurücken«[56]. Es herrschte Not, sie war groß. Auch heute noch gehört »die Bettelfuhr« zu unserem Sprachschatz. So eine Bettelfuhr hat ein Bürger Weingartens »nur gleich hinter dem Heiligen Kreuz abladen und allda liegen lassen«, eine andere wurde in Berg bei Ravensburg »durch den wundersamen Dienst der Läuse in den Himmel entführt«.

Die Vielzahl der Bettler damals erklärt dann auch die der Räuber und Ganoven, denn das 17. und 18. Jahrhundert war eine hohe Zeit für solche »Kunden«. Der Staat tat fast nichts gegen das Bettler- und Räuberunwesen. Militärstreifen »jenseits der Donau bis an den Boden-See« und eine allgemeine, aber erfolglose Abschiebung war alles, was jener unternahm. Eine Verordnung des Schwäbischen Kreises, die auf Schloß Wolfegg aufbewahrt wird, zeigt das breite Spektrum armer Menschen, die auf der Straße lebten, und läßt ihr hartes Los erahnen:

»Sollen sich alle ausländischen Bettler und Vaganten, es seyen Christen oder Juden, Deserteurs und abgedanckte Soldaten, Hausierer oder solche Leute, welche zum Verkauff allerhand geringen Lumpen-Sachen, als Zahn-Stierer, Zahn-Pulver, Haar-Buder, Blumen-Sträuß, Schuh-Schwärtze, gedruckte Lieder und dergleichen herumtragen, und unter diesem Schein eigentlich betteln, hauptsächlich auch die schändliche Lieder absingen, fahrende Schüler, Leyrer, Sack- und andere Pfeifer, Hackbrettler, Riemen-Stecher, Glücks-Häfener, Scholderer, u. a. dato dieses Patents innerhalb 14. Tagen also gewiß ausser den völligen Bezirck dieses Schwäbischen Creyses begeben, als sie widrigen Falls, da sie sich nach dieser Zeit in demselben betretten lassen, Handvest gemacht, und entweder in ein Zucht- und Arbeits-Hauß, oder in andere Gewahrsame gebracht, 8. oder 14. Tag lang scharff gezüchtiget, oder was zumahlen gesunde starcke Personen sind, an die Karren geschlossen, zu Verbesserung der Weg und Strassen, Schantz- und Vestungs-Bau, oder andern strengen Arbeit angehalten...«

Eine Möglichkeit, die Bettler in der Barockzeit in die Gesellschaft zurückzuführen, bestand nicht, weil die soziale Gliederung der Bevölkerung seit dem Mittelalter unverändert geblieben war und offenbar bleiben sollte.

Nur Tropfen auf den heißen Stein – von den Zeitgenossen mit Kopfschütteln bedacht – waren die Resozialisierungsversuche des Oberamtmanns Schäffer aus Sulz am Neckar und die des Malefizschenk, Graf Schenk von Castell zu Oberdischingen/Donau. Doch haben die zahlreichen oberschwäbischen Fürstabteien, Prälaturen, Klöster und Klausen so manchen Bettler mit einer Klostersuppe wenigstens am Leben erhalten können.

Welch Ironie, wenn man erfährt, wie feine Leute sich zu Hause von ihrem Leibkoch ein Essen komponieren ließen, das sie »Der armen Leute Koch« nannten[19]: Nehme 20 Lot Butter (300 g), rühre ihn in eine Schüssel, tue 14 Lot Zucker (210 g) und 16 Eierdotter, eins nach dem anderen darein und rühre es 1 Stunde beständig damit. Ganz zuletzt zerschneide die Schalen von 1 Zitrone grob und rühre sie auch darein, fülle das Angerührte in eine mit Butter beschmierte Schüssel oder Model, mache sie aber nicht allzu voll und backe es kühl aus, weil an dem Backen am meisten gelegen ist.

Soviel an Butter, Zucker und Eiern hat ein armer Mann des 18. Jahrhunderts wohl nie gegessen, eine Zitrone wohl nie gesehen!
Wie dieses »Armengericht« sind auch die Schäferstündchen, -spiele und -gedichte der damaligen Zeit zu verstehen:
Im Park traf man sich im Kostüm des Schäfers zum idyllischen Tête-à-tête, besang die Seligkeit des Schafehütens, spielte Schäfer und Schäferin, wie man sich das so vorstellte, denn Schafe gehütet hatte noch niemand. Hätte einmal ein echter Schäfer zugeschaut, wäre er wohl sehr verdutzt gewesen, genauso wie der Arme, der das Essen »Der armen Leute Koch« aufgetischt bekommen hätte.
Aber beides gehört zur Illusion und zur Verstellungskunst des Barocks, dem Ineinandergehen von Schein und Sein.
Angesichts der Armut ist es verständlich, daß der Dochtzieher von Waldsee, der Weber von Wurzach, der Lehenbauer von Ostrach oder der Wasenmeister von Riedlingen sich auch einmal so richtig sattessen wollten. Diese großen Essen des einfachen Mannes wurden dem Kirchen- und dem bäuerlichen Jahr angepaßt: Weihnachten, bedingt Fasnacht – Funkentag, Ostern, oft auch der 1. Mai, Pfingsten, Himmelfahrt, Kirchweih und Patrozinium, Sichelhenke (etwa Erntedank) und Familienfeiern.

Kloos, Kloos Butterfiedla, loß mer au drei Äpfel liega und a Hocka Niß drzua!	Nikolaus, Nikolaus Butterpopo, laß mir auch drei Äpfel liegen und vier Nüsse dazu!

Dieser Heischevers[57], den wir noch aus unserer Kindheit kennen, zeigt, daß die Dinge, die uns heute selbstverständlich sind, früher als große Kostbarkeiten galten. Äpfel, Birnen, Nüsse, Dörrobst, Klosaküchla, Klosazelta (Nikolausbrot), Klosamaala (Gebäck in Form eines Nikolaus) und allerhand nützliches wurden am St. Nikolaus-Tag geschenkt. Noch bis in unser Jahrhundert hinein, ja bis zum Zweiten Weltkrieg, kannte man keine Bescherung an Weihnachten. Auch der Weihnachtsbaum hat hierzulande erst um 1900 Einzug gehalten[64], von einzelnen protestantischen Familien, die ihn aus Altwürttemberg kannten, abgesehen.

Zum Feiern gehörten neben dem sonst seltenen Weißbrot die vielen Arten der Küchlein, in Öl (Mohnöl) oder in Fett gebackenes Kleingebäck, von denen heute u. a. noch Strauben, Nonnenfürzla (um Ehingen herum Bockseckela genannt), Bauraseckela und Fasnachtsküchla und die »Weihnachtsbreetla« (Weihnachtskekse) hergestellt werden.
Die fleischlosen Tage der Fastenzeit zwischen Aschermittwoch und Ostern einzuhalten, fiel den Gläubigen, die sonst ohnehin kaum Fleisch auf den Tisch gestellt bekamen, sicherlich nicht schwer.
Am Karfreitag Kässpätzla zuzubereiten, wie es heute überall Brauch ist, erscheint einem angesichts des sonst üblichen Essens geradezu üppig und herausfordernd; man aß eine nach gar nichts schmeckende Obstsuppe: Dörrobst in Wasser eingeweicht, garniert mit einem oder zwei Mehlknöpflein, die selbstverständlich ohne Eier hergestellt waren. Getrunken wurde nichts, um den Durst des Heilands auf Golgatha nachzuempfinden. Aus heidnischen Zeiten hielt sich der Brauch, ein »Karfreitagsei« zu essen. Das sollte jeden Schadenzauber abwehren.
Der Kirchweihsonntag wurde vielfach als größtes Fest bezeichnet. Bis zu den liturgischen Reformen durch Generalvikar Wessenberg in Konstanz wurde die »Kirbe« jeder Kirche an verschiedenen Tagen gefeiert; erst von 1809 an legte man alle Kirchweihfeste auf den dritten Sonntag im Oktober[12]. Es war Brauch, auch die Kirchweihfeste anderer Kirchen mitzufeiern, und so hatten die Bauern oft Gelegenheit, sich zu treffen und gesellig zu sein.
Aus der Zeit »noch vor der französischen Revolution« erzählt der Biberacher Maler Johann Baptist Pflug von einem Kirchweihsonntag auf dem Lande.
»Nach abgehaltenem Gottesdienst fand ein Voressen statt, das aus gerösteter Leber, sauren Lungen, Kutteln usw. bestand – dazu wurde Bier oder Wein, je nach dem Vermögen des Bauern, gegeben. Die Katholiken steckten, wie jetzt noch, eine große Fahne auf dem Turm aus; auch das Innere der Kirche wurde mit Blumen, Kränzen und Tannenzweigen geschmückt. Alte Sitte war's, zum Kirchweihfest aus Nah und Fern einzuladen. Auf viele Stunden Weges kamen Freunde und Verwandte zusammen, und es freute sich Alt und Jung auf diesen Tag, namentlich aber freuten sich die Dienstboten, die mit allem möglichen Fleisch in der verschiedenar-

tigsten Zubereitung und mit weißem oder mit Birnbrot bewirtet wurden; das gewöhnliche Schwarzbrot wär' an diesem Tag eine Schande gewesen. (...)
Den Schlachtreigen eröffnete die Kirchweihsuppe aus gerösteten Eierknödeln usw.; dann wurden Blut- und Leberwürste, geräuchertes Fleisch mit Kraut aufgetragen, gesottenes Rind- und Schweinefleisch mit Meerrettich, Rettichsalat und Senf folgten; der 4. Gang brachte Bratwürste mit grünem Salat, ein weiterer Gang eingemachtes Kalbfleisch mit dem beliebten ›Eierhaber‹ oder leckeren kleinen runden, in Schmalz gebackenen Küchlein. Den Beschluß machten Kalbs- und Schweinebraten mit Rotkrautsalat. Als Nachtisch wurden Äpfelküchlein, ›Bauernhocker‹ (dicke Küchlein) mit gekochten dürren Zwetschgen, Butternudeln (die Butter durch ein Tuch oder einen Schaumlöffel derart gedrückt, daß sie ein feines, gekräuseltes Aussehen bekam) und Honig vorgesetzt.
Damals – hauptsächlich noch vor der französischen Revolution – war überall an Früchten, Vieh, Wildbret und Fischen ein Überfluß, die Klöster waren reichlich mit Geld versehen...«[26].
Wenn schon vom Festessen die Rede ist, darf nicht unser Prämonstratenserpater Sebastian Sailer fehlen, der noch anderes bäuerliches Feiertagsgebäck kennt. Als Pfarrvikar von Seekirch, Reutlingendorf und Dieterskirch am Bussen hatte er genug Gelegenheit, den Bauern nicht nur aufs Maul, sondern auch auf die Tische zu schauen[17].
Für Eva werden angesichts der verbotenen Frucht im Paradies alle heimischen Köstlichkeiten zu »Dräck«; sie kann sich nicht mehr zurückhalten; Zuckerbrot und Rosinen, Kekse mit bestem Gewürz, Ulmer Schnitten, Nonnenfürze kommen gegen diesen Apfel nicht mehr an:

Ach, ih ka des itt verheba,
Zuckerzeltla und Zibeba,
Leackerla vom beschta G'wüz
Ulmerschnitta, Nonnenfüz
seand gegem Aepfel nu a Dräck...
(Die Schöpfung III)

Blicken wir einmal einen Tag lang auf den Tisch einer bäuerlichen Familie, so staunen wir, wie sehr die schon bekannte Wolfegger Gesinde-Speiseordnung für ganz Oberschwaben charakteristisch ist: Da haben wir morgens entweder das Mus (schwarzes Mus, brennt's Mus, Musmehlmus, Hafermus) und/oder die Suppe, meist eine Wasser-, Brenn-, Mehl- oder Brotsuppe (um Ehingen herum auch eine Milchsuppe). – Z'Neune gab's Milch und Brot, manchmal einen Apfel dazu oder »Bibeleskäs« (heute etwa Hüttenkäse). – Zum Mittag die obligatorische Vorsuppe: Flädle-, Einlauf-, Riebele-, Grieß-, Knöpfle- oder Nudelsuppe oder die bereits am Morgen gereichten. Dann: Kraut oder Rüben das ganze Jahr, Knödel-Knöpfla, Nudla (Dampf-, Schleifer-, Schupfnudeln), Kratzeda, Zugemüs, ganz selten Rauch-, Sied- oder eingelegtes Fleisch (gepökelt). Kurz gesagt: »Kocht's – G'sottes – Baches«[58].

Zum Brotessen wieder Milch, Brot, Bibeles- oder Handkäs, manchmal auch Grieben oder Rettich und Brot. – Zur Nacht: Grießmus, Musmehlmus, weißes Mus, Milch-, Brot- oder Wassersuppe, Riebelesuppe.

Dies kann natürlich nur eine grobe Übersicht sein – bei den mannigfaltigen Bezeichnungen und besonderen lokalen Traditionen! Egal ob Wasser- oder Hopfensuppe, das Essensritual war überall gleich: Nach dem Tischgebet, dem sich oft ein Paternoster, eine Ave-Maria und »Ehre-sei-dem-Vater« anschlossen, setzten sich alle auf ihren angestammten Platz. Es war nicht einheitlich geregelt, ob Familie und Gesinde getrennt oder gemeinsam aßen. Dann zog man den Löffel hervor, den ein Riemen an der Unterseite der Tischplatte festhielt, und jeder begann aus der Schüssel, die mitten auf dem Tisch stand, zu löffeln. Nach dem Essen wischte man den Löffel am Gewand ab und verstaute ihn wieder unter dem Tisch. Deswegen wohl immer dieselbe Sitzordnung[59]! Am Schluß stand wieder das Gebet.

Einen gewissen Aufschluß, was unter bürgerlichem Essen damals zu verstehen war, geben die zahlreichen Einquartierungsbefehle, seien es österreichische, bayerische oder französische. Allerdings standen darin gewiß Maximalforderungen; denn die Soldaten sollten nicht schlechter als die Bürger speisen. In dem hier ausgewählten Verpflegungserlaß fällt neben dem Alkohol und den außergewöhnlich hohen Fleischrationen das Weißbrot zum Frühstück auf, das die Franzosen auch im oberschwäbischen Waldsee nicht, nachdem sie es in der Revolution erkämpft hatten, missen wollten[60].

DIE RHEINARMEE

Freiheit! Gleichheit!

Waldsee, den 23. Prairial des Jahres 8 der Französischen Republik
(12. Juni 1799)

Der Kommandant der Stadt Waldsee an den Magistrat von Waldsee!

Sehr geehrte Herren,
hiermit ergeht der Befehl über die Verpflichtung der Bürger gegenüber den Soldaten, die hier einquartiert sind:

Morgens zum Frühstück:	Schnaps und Weißbrot oder Suppe
Zum Mittag:	Suppe, Gemüse, gesottenes Fleisch und eine Flasche Bier zu jeder Mahlzeit
Abends:	Suppe, Gemüse, dazu gesottenes Fleisch, Ragout oder Braten und Salat

Befehl des Ortskommandanten als Kriegskommissar.

Ein einigermaßen ungeschminktes Bild der Essensgewohnheiten einfacher Leute geben uns die Spitalordnungen: Aus Saulgau die Wochenordnung von 1786 für insgesamt 34 Personen[61].

Montag	morgens:	Suppe, gebranntes Mus
	mittags:	Suppe, Kraut und Knöpflein
	nachts:	»Brißelsuppe«
Dienstag	morgens:	Suppe und gebranntes Mus
	mittags:	Suppe und saure Knöpflein
	nachts:	Suppe und Körnermus
Mittwoch	morgens:	Suppe und Körnermus
	mittags:	Suppe und Milchknöpflein
	nachts:	»Brißelsuppe«
Donnerstag	morgens:	Suppe und gebranntes Mus
	mittags:	Suppe und saure Knöpflein
	nachts:	»Brißelsuppe«
Freitag	morgens:	Suppe und Körnermus
	mittags:	Suppe, Kraut und Knöpflein
	nachts:	Suppe und Körnermus
Samstag	morgens:	Suppe und gebranntes Mus
	mittags:	Suppe, Kraut und Knöpflein
	nachts:	»Brißelsuppe«
Sonntag	morgens:	ein Stück Brot
	mittags:	Fleischsuppe, Kraut und Knöpflein und »auf jede Person ½ Pfund Fleisch« (gilt nur für 18 Personen, die restlichen 16 erhalten nur siebenmal im Jahr Fleisch)
	nachts:	Fleischsuppe

Jeden Samstag wird allen das Brot für die kommende Woche ausgegeben.

»Brißelsuppen«

Für 4 Personen nimmt man 1 paar Kalbsbrieseln, wäscht selbe rein, siedet sie in gesalzenem Wasser ein wenig, wiegt Zwiebel und gewaschenes Petersilkraut recht klein, lasse Abschöpffett in einem Kächelchen zergehen, aber ja nicht heiß werden, lege die Brieseln samt Gewiegtem hinein, staube ein wenig Mehl daran, lasse es dünsten, gieße gute Fleischbrühe hinzu, lasse sie noch ¼ Stunde kochen. Man kann auch nach Belieben 2 Eidotter mit frischem Wasser abschlagen und in die Suppe rühren und sie über gebähte Semmelschnitten anrichten[63].

Kirchweih-Festessen im Spital in Kißlegg 1724[62]

1. Suppe
2. Rindfleisch
3. 1 Henne
4. Hühner
5. Braten
6. Wildbret
7. Torte
8. Salat
9. Küchle
10. Knepf

In Kißlegg erhielten die Spitalbewohner an Ostern, Pfingsten, Weihnachten und Kirchweih jeweils ½ Maß Wein, der Spitalverwalter erhielt täglich 1½ Maß Bier, wöchentlich 3½ Pfund Fleisch. Daß die Inwohner morgens und abends »ohne Unterlaß« den Rosenkranz beteten, sei am Rande vermerkt.

Auch heute noch bedeutet der Hochzeitstag viel, das Hochzeitsessen (für die Gäste) alles: Schließen wir dieses Kapitel über das Essen einfacher Leute mit dem Speiseplan für ein barockes Hochzeitsessen ab[19].

Hochzeitsessen

1. Tag Mittagessen:

1. Französische Suppe mit Wurzeln, Knöpflein, Hühnern, und gefüllten Kalbsbrüsten
2. Ochsen- oder Rindfleisch, mit allerlei selbstbeliebigen Beisätzen
3. Blauer Kohl mit halbgeräucherten Spansäuen
4. Gebratenes von Fasanen, Schnepfen, Rebhühnern
5. Pasteten mit wilden oder zahmen Enten
6. Forellen oder Aale
7. Welsche Hahnen
8. Mandeltorte
9. Blaugesottene Karpfen
10. Rehschlegel
11. Eine Torte von Teig
12. Edelkrebse

Nachtessen:

1. Ulmer Gerste
2. Blumenkohl mit Morcheln und dergleichen
3. Ganze Vögel
4. Grundeln
5. Gebratenes Wildbret und Salat
6. Schweinskopf
7. Biskuittorte
8. Pyramide von Konfekt

Zur ganzen Mahlzeit stellt man Gurken, rote Rüben, Senf, Hering, Kapern und Zitronen auf

2. Tag Mittagessen:

1. Suppe mit Knöpflein
2. Rindfleisch
3. Sauerkraut mit halbgeräuchertem Fleisch
4. Kleingehackte Pastetlein
5. Halbvögel oder Lerchen
6. Fische, Hecht, Forellen oder dergleichen
7. Spansäue
8. Biskuittorten
9. Tabaksrollen

Beisätze wie am 1. Tag

Nachtessen:

1. Reisgersten
2. Ragout mit Mägen und dergleichen
3. Verdämpfte Quitten
4. Gebratenes Wildbret
5. Gebackene Grundeln
6. Himbeeren- oder Kirschentorte
7. Pyramide von Konfekt

Beisätze wie am 1. Tag

Musikantenmittagessen:

1. Suppen
2. Gemüs
3. Rindfleisch
4. Pasteten
5. Biskuittorte

Nachtessen:

1. Gersten
2. Salat
3. Gebratenes
4. Apfeltorten

Fuhrleutemittagessen:

1. Suppen
2. Gemüs und Fleisch
3. Pastete

Nachtessen:

1. Suppe
2. Salat
3. Gebratenes

»Springerle« (Kleingebäck) mit Doppeladler.
Städt. Museum im Kornhaus Bad Waldsee, 18. Jahrhundert

»Springerle« (Kleingebäck) mit Fähnrich.
Städt. Museum im Kornhaus Bad Waldsee, 18. Jahrhundert

»Springerle« (Kleingebäck), einen reitenden Offizier darstellend.
Städt. Museum im Kornhaus Bad Waldsee, 18. Jahrhundert

»Springerle« (Kleingebäck), einen Schneider, der auf einem Esel reitet, ironisch darstellend. Städt. Museum im Kornhaus Bad Waldsee, 18. Jahrhundert

Originalrezepte aus dem barocken Oberschwaben

Ein rechtes Mahl beginnt mit dem Dank an den Himmlischen Vater für Speis' und Trank (Hungersnöte gab's nur im Dreißigjährigen Krieg und 1772):

Himmlischer Vater,
benedeie und segne uns Speis und Trank,
die wir von deiner
großen Güte empfangen werden
durch Christus unseren Herrn. Amen

Dies Tischgebet hat sich 200 Jahre erhalten. Ältere Menschen wissen sich daran zu erinnern, es noch in ihrer Kindheit gebetet zu haben[64].

Aus dem Kloster Ottobeuren stammt ein Gebet voller barocker Kraft (1975):

Eiser Hearr im Himmel dobe!
Mir send do ond wend Di lobe.
Labescht eis mit Speis ond Trank,
drum saget mir Dir Lob ond Dank. Amen

Nach dem Stall: allerlei Müslein

Schwarz' Mus (nördliches Oberschwaben)
Brennt's Mus (südliches Oberschwaben)

Aus der Bussengegend[65]*:*

Zutaten: Weizen (Vesen/Dinkel), Wasser, Milch, Zwiebel, Schmalz.

Zubereitung: Der Weizen wird im Backrohr bei mäßiger Hitze geröstet, danach geschrotet. Wasser und 1 Prise Salz werden zum Kochen gebracht. Der rösche Weizenschrot wird eingestreut, und man läßt ihn bei leichter Flamme zu einem dicken Brei aufquellen. Milch dazugeben. Dazu werden in Schweineschmalz hell geröstete, geschnittene Zwiebeln dazugegeben. Nach dem Schlachten wird das schwarze Mus mit Grieben bestreut und mit Schweineschmalz abgeschmälzt.

Aus dem Gebiet um Biberach[66]*:*

Zutaten: Wasser, Musmehl, Milch, Fett, Butter.

Zubereitung: Wasser, 1 Prise Salz und etwas Fett läßt man aufkochen; nun wird Musmehl eingerührt und es solange köcheln gelassen, bis ein dicker Brei entsteht. Nun wird soviel Milch dazugegeben, bis der Brei dünn wird. Man läßt ihn solange eindicken, bis eine einigermaßen feste Konsistenz erreicht ist. Mit Butter oder Schmalz abschmälzen: »es muß zischen«. Dazu werden Birnen gegessen.

Aus der Gegend von Ravensburg[66]*:*

Zutaten: Weizen (Vesen), Wasser, Schmalz.

Zubereitung: Geschroteter Weizen wird in der Pfanne geröstet, mit Wasser abgelöscht. Solange eindicken lassen, bis ein fester Brei entsteht.

Mit Salz abschmecken. Danach abschmälzen. Dazu wird kalte Milch getrunken.

Aus dem Allgäu[8]:

Zutaten: Musmehl, Fett, Wasser.

Zubereitung: In heißes Fett wird Musmehl eingerührt. Nach heller Bräunung wird mit Wasser aufgegossen und das ganze mit dem Schneebesen verrührt. Nach dem Aufkochen wird er gesalzen und in der Pfanne zu Tisch gebracht.

Musmehlmus[67]

Zutaten: Milch, Musmehl (ein aus Weizen gemahlenes grobes Mehl, bei dem nur ein Teil der Getreidehülsen entfernt ist), Schwarzbrot, Butter. Übrigens: Musmehl erhält man in jeder Mühle.

Zubereitung: 1½ l Milch aufkochen lassen, unter ständigem Rühren 200 g Musmehl einstreuen. 10–15 Minuten unter fleißigem Rühren eindicken lassen. Beim Anrichten auf das Mus (das bereits ein Häutle bekommen hat) 50 g zerlassene Butter mit dem Löffel behutsam gießen und Schwarzbrotwürfel darauf legen.

Geröstetes Mus[20]

Zutaten: Butter, Mehl, Milch.

Zubereitung: Man röstet in einem Stück Butter, je nachdem man viel Mus machen will, 3 bis 4 Löffel voll schönes weißes Mehl ganz weißgelb, rührt es mit siedender Milch an, bis es in der rechten Dicke ist, tut ein klein wenig Salz oder Zucker nach Belieben daran und läßt es zuerst auf hellem Feuer und hernach auf Kohlen vollends auskochen.

Habermus[8]

Zutaten: Hafermehl, Wasser, Schmalz.

Zubereitung: 500 g Hafermehl läßt man in der Pfanne etwas bräunen, löscht mit Wasser ab, gibt eine Prise Salz hinein und bäckt den sämig flüssigen Teig in der eisernen Pfanne mit 3 Eßlöffeln Schmalz unter stetem Zerstückeln heraus.

Wasserstopfer zum Morgenessen[68]

Zutaten: Mehl, Milch, Wasser, Eier, Fett.

Zubereitung: In einer niedrigen Bratpfanne werden 1 Eßlöffel Salz, ½ l Milch, ½ l Wasser zum Kochen gebracht (die Pfanne sollte ¾ gefüllt sein). Solange wird ein Ei verquirlt und über ½ Pfund Mehl gegeben. Mit der Hand werden feine Brösel geschabt, die mit einer Gabel in die kochende Flüssigkeit eingerührt werden. Das ganze läßt man langsam köcheln, bis sich unten eine braune Kruste bildet. Anschließend wird nochmals 1 Ei verquirlt und darübergegeben. Wenn das ganze eine goldgelbe Farbe hat, wird es mit zerlassenem Fett abgeschmalzt.

Mehlmusauflauf[68]

Zutaten: Milch, Zitrone oder Vanille, Mehl, Butter, Zucker, Eier.

Zubereitung: ½ l Milch mit 1 Zitronenschale oder Vanille zum Kochen aufstellen (Vanillestange vorher klopfen und spalten), 300 g Mehl mit ½ l kalter Milch glattrühren und in die kochende Milch einrühren, 10 Minuten gut auskochen lassen und kaltstellen. Schaummasse rühren aus 40–80 g Butter, 4–5 Eigelb und 80 g Zucker; Vanille zugeben. Die Schaummasse dem abgekühlten Mehlbrei zugeben, einen sehr steifen Eischnee unterheben, in die gefettete Form füllen, bei mäßiger Mittelhitze ¾ Stunde backen.

Zwischendurch: Brotessen – Z'Neune

Brot: Weiß-, Schwarz- und Mischbrot.
Wecken: Groschen- und Batzenlaible (Doppelwecken), Röggle, Kreuzer-Wecken, Kreuzer-Pärle[27].
Brockeda: In Milch oder Suppe eingebrocktes Brot.
Milchstreichet: Milch kochen lassen, darin ein Ei verklopfen und aufziehen lassen.
Käse: Backstein-, Zieger-, Schweizer-, Bibeles-, Baurakäs.

Butterschmalz und Siedera[69]

Zutaten: Butter.
Zubereitung: Die Butter gibt man in einer Kasserolle oder einer eisernen Pfanne auf das Feuer. Sobald die Butter zerlaufen ist und steigt, nimmt man ein Schäpfchen und fährt auf und ab darin, damit sie nicht überläuft, oder man läßt sie langsam auf der Seite des Herdes kochen, bis sie sich gebrochen und gesetzt hat. Dann rührt man öfters darin, damit sie nicht anbrennt. Wenn die Butter recht klar, der Satz unten etwas gelblich ist (Siedera) und oben einen recht feinen Schaum bildet und steigen möchte, dann ist das Fett fertig. Ist der Siedera noch nicht gelb, so läßt man ihn noch ein wenig auf der Seite des Herdes stehen. Hernach wird er kaltgestellt, das helle reine Schmalz in einen Topf geleert und vor dem Stehen 5–7 Minuten gerührt. Den Siedera kann man zum Teig oder zum Braten von Mehlspeisen verwenden.

»Siederabrocka«: In Siedera wird Brot getunkt, ein beliebtes Brotessen.

Beliebtestes Hausmittel gegen fast alle Wehwehchen war seit dem Mittelalter die Latwerge (schwäbisch = Latwära), die leider in Oberschwaben unter diesem alten Namen nicht mehr hergestellt wird. In der Schweiz werden neuestens sogar mehrere Geschmacksrichtungen im Handel angeboten. Auf einen kurzen Nenner gebracht, ist Latwerge stark eingedickter Fruchtsirup. Aus dem Haistergau stammt unser[71]

Tanneng'schoß-Latwerge-Rezept

Zubereitung: 2½ l Tannengeschosse werden mit 2 l Wasser ½ Stunde lang gekocht, dann wird der Saft mit Zucker langsam eingedickt (auf 1 l Saft nimmt man 2 Pfund Zucker), dabei wird immer wieder mit dem Kaffeelöffel ein kleines bißchen auf einen Teller gegeben, damit man sieht, ob er schon dick wird. Wenn der Saft zu lange kocht, wird er zäh. Dieser Honig eignet sich gut für Lebkuchen und gegen Halsschmerzen.

Mittagessen: Kocht's – G'sottes – Baches

Eierflädlein[19]

Zutaten: Mehl, Eier, Milch, Petersilie, Schmalz.

Zubereitung: Nimm einen kleinen Löffel voll Mehl und 8 Eier, rühre es recht wohl untereinander, gieße ein wenig Milch dazu, tue Peterling und Salz darein, mache in einer breiten Pfanne Schmalz heiß, gieße solches heraus und einen guten Löffel von dem angemachten Teig darein, laß ihn backen, kehre die Pfanne um, daß das gebackene Flädlein auf ein Brett fällt, wickle es auf und fahre auf diese Weise fort, bis alles gebacken ist. Die aufgewickelten Flädlein lege entweder ganz oder mitten entzweigeschnitten in ein Zinn, mache eine Butterbrühe daran und lasse sie aufkochen. Man kann sie auch nach dem Aufwickeln in kleine Stücke schneiden.

Eierhaber – Kratzeda – Duranand – Verstich

Zutaten: Mehl, Eier, Milch, Salz.

Zubereitung: Aus 375 g Mehl, 4 Eiern, ½ l Milch, einer Prise Salz einen Pfannenkuchenteig herstellen. Reichlich Teig in eine leicht gefettete Pfanne geben, wie ein Pfannkuchen auf einer Seite backen, wenden und nach dem Anbacken der zweiten Seite das ganze mit einer Backschaufel zerreißen. Fertig backen. In eine andere Pfanne tun und nochmals in Butter leicht anrösten. Kratzeda kann süß mit Zucker und Zimt gegessen werden oder aber als Beispeise zu Fleischgerichten mit Soße gereicht werden.

Dampfnudla[8]

Zutaten: Mehl, Milch, Hefe, Butter, Eier.

Zubereitung: In ⅛ l vorgewärmter Milch werden 40 g Hefe aufgelöst, und man fertigt den Vorteig, indem man dieses Gemisch in die Mitte des Mehles gibt und dort eine halbe Stunde ruhen läßt. Sodann gibt man ⅛ l Milch und eine Prise Salz hinzu und knetet es kräftig. Dann schlägt man den Teig, bis er Blasen wirft und läßt ihn an einer warmen Stelle eine Stunde abgedeckt gehen. Man sticht vom Teig faustgroße Stücke ab und läßt auch diese noch 15 Minuten auf dem bemehlten Brett liegen, um ein Nachtreiben zu ermöglichen. Sodann läßt man im Topf 150 g Butter (Butterschmalz) zergehen und gießt auf 2 cm Höhe warmes Salzwasser auf. Nun legt man die Teigstücke im Topf dicht nebeneinander, verschließt ihn mit dem Deckel und dichtet zusätzlich mit feuchten Tüchern zwischen Deckel und Topf ab, um das Entweichen des Dampfes zu verhindern. Das Ausbacken erfolgt bei schwacher Hitze, so daß nach 20 Minuten die Dampfnudeln fertig sind und unten die begehrte Kruste aufweisen.

Schupfnudla[8]

Zutaten: Mehl, Wasser (keine Eier, da die Nudeln sonst zu hart auskochen – keine Kartoffeln, sie wurden im 18. Jahrhundert noch nicht zu Schupfnudeln verwendet).

Zubereitung: 500 g Mehl mit einer Prise Salz und 350 g Wasser auf dem Backbrett kräftig durchkneten und in kleine Stückchen schneiden. Diese werden mit der Hand auf dem gemehlten Brett »geschupft« und abgelegt. Man läßt sie dort eine Stunde ruhen, kocht sie dann 5 Minuten in Salzwasser. Wenn die Schupfnudeln gar sind, werden sie unter kaltem Wasser abgeschwenkt und in einer gefetteten

Pfanne meistens mit Schweineschmalz, am besten aber mit Siedera kurz gebraten, so daß sie leicht glänzend werden.

Schupfnudla mit Kraut

Zutaten: Mehl, Wasser, Sauerkraut, Schmalz.
Zubereitung: wie oben. Sind die Schupfnudla fertig, werden sie in Butterschmalz zusammen mit Sauerkraut geröstet.

Pflutten[8]

Zutaten: Mehl, Wasser, Schmalz.
Zubereitung: In 2 l kochendes Salzwasser wird unter stetem Rühren mit einer langen gezinkten Gabel eine Tasse Mehl nach und nach eingerührt. Die entstehenden Teigflocken werden unter kaltem Wasser abgeseit und in heißem Fett geröstet.

Kässpätzle[70]

Zutaten: Mehl, Eier, Emmentaler, Butterschmalz, Zwiebel, Essig.
Zubereitung: 500 g Mehl, 6–8 Eier, etwas Wasser mit Salz zu einem Teig anrühren. Den Teig mit einem Messer von einem Holzbrettchen in schmalen Streifen in sprudelndes Salzwasser schaben. Einmal aufwallen lassen und die gegarten Spätzle mit der Schaumkelle herausnehmen. In 2 cm dicken Lagen in eine vorgewärmte Schüssel geben, zwischen die einzelnen Lagen werden 200 g geriebener Emmentaler (möglichst alt und trocken) gestreut. Damit der Käse zerfließen kann, die zugedeckte Schüssel einige Minuten in den auf 175 Grad (Gas Stufe 2) vorgeheizten Backofen stellen. Vor dem Servieren einen Eßlöffel Essig über die Spätzle spritzen, die kleingehackte, im Butterschmalz gebräunte Zwiebel darüber streuen. Man serviert dazu Bier und grünen Salat.

Krautknöpfla[18]

Zutaten: Mehlknöpfla, Bratfett, Sauerkraut, Speckwürfel.

Zubereitung: Die Mehlknöpfla (vgl. S. 20 ff) in heißem Fett rösten, unter 500 g gekochtes, abgeschmecktes Sauerkraut mischen und 100 g geröstete Speckwürfel darüber anrichten.

Haarnudeln[71]

Zutaten: Sauerkraut, Ei, Mehl, Fett, Muskat.

Zubereitung: 2 Hände voll ausgedrücktes Sauerkraut, 1 Ei, etwas Salz gibt man in eine Schüssel, darunter mischt man soviel Mehl, daß ein geschmeidiger Teig entsteht. Daraus werden etwa ½ bis ¾ cm dicke Nudeln auf dem Holzbrett geschupft. Sie werden etwa 15–20 Min. gekocht, darauf in heißem Fett schön gelb geröstet, und zum Schluß wird ein verquirltes Ei darübergegossen und nochmals durchmischt und geröstet. Dem Ei kann etwas Muskat beigemischt werden.

Brätknöpfla oder -spätzla[68]

Zutaten: Kalbsbrät, Milch, Ei, Fett, Petersilie, Semmelbrösel, Mehl.

Zubereitung: 375 g Kalbsbrät mit einem halben Liter Milch, 1 Ei, Salz, einem Eßlöffel heißem Fett, Petersilie, 4–6 Eßlöffel Semmelbrösel, 2 Eßlöffel Mehl schaumig rühren, mit dem Eßlöffel Knöpfla abstechen oder die Masse durch einen Spätzlaseiher in kochendes Salzwasser geben und 5 Minuten kochen, 10 Minuten ziehen lassen, herausnehmen, gut abtropfen lassen und in Fett leicht anbräunen. Die Brätknöpfla oder -spätzla können auch als Suppeneinlage verwendet werden, brauchen dann aber nicht angebräunt zu werden.

Leberspätzla[72]

Zutaten: Mehl, Eier, Rinds- oder Kalbsleber, Zwiebel, Petersilie, Muskat, Pfeffer, Wasser, Butter.

Zubereitung: Aus 250 g Mehl, 2 Eiern, 250 g feingehackter Rinds- oder Kalbsleber, reichlich Zwiebeln, Petersilie, Salz, Muskat, Pfeffer und etwas Wasser macht man einen festen, glatten Teig, den man solange schlägt, bis er Blasen wirft. Nun wird ein Teil des Teiges mit einem Messer von einem Holzbrettchen in das kochende Salzwasser geschabt. Ein paarmal aufkochen lassen, dann mit einem Schaumlöffel herausnehmen und in heißem Salzwasser schwenken.

Rindfleisch in einer Brühe[19]

Zutaten: Fertiges Rindfleisch mit Brühe, Ingwer, Pfeffer, Nelken, Schmalz oder Butter, Wein, Weinessig, Roggenbrot.

Zubereitung: Koche das Rindfleisch wie gewöhnlich. Wenn es beinahe fertig ist, seihe die meiste Brühe davon ab; gieße an die Brühe, die noch am Fleisch bleibt, etwas Wein, würze sie mit Ingwer, Pfeffer und Nelken, röste ein wenig Roggenbrot in Schmalz oder Butter, gieße auch ein wenig Weinessig dazu und laß es miteinander aufsieden und richte es an.

Kalbfleisch mit einer weißen Brühe[19]

Zutaten: Kalbfleisch, Weinessig, Speck, Muskatnuß, Pfeffer, Thymian, Salz.

Zubereitung: Man macht das Kalbfleisch in heißem Wasser steif und säubert es wohl; hernach legt man es in einen Topf oder Hafen, gießt genug heißes Wasser darauf, tut ein wenig Wein- oder Bieressig, gehackten Speck, Muskatnuß, Pfeffer, ein wenig Thymian und Salz daran, läßt es fertig kochen und richtet es an.

Gedämpftes Schweinefleisch in einer guten Soße[19]

Zutaten: Schweinefleisch, Butter, Nelken, Pfeffer, Koriander, Zitronen, Mehl, Wein.

Zubereitung: Lasse 1 Stück Butter in einem Hafen zerfließen, lege das gewaschene Fleisch darein, würze es mit Salz, Nelken, Pfeffer und gestoßenem Koriander, tue auch kleingeschnittene Zitronen und ein paar Messerspitz voll Mehl daran, laß es wohl dämpfen und gieße, wenn das Fleisch gar ist, ein wenig Wein dazu, daß es eine kleine Soße gibt. Es ist ein gutes Essen.

Saure Kutteln[72]

Zutaten: Zwiebel, Fett, Kutteln, Mehl, Essig oder Rotwein, Lorbeerblatt, Wacholderbeeren, Zitronenschale, Fleischbrühe, Pfeffer.

Zubereitung: Zuerst 5 mittlere klein geschnittene Zwiebeln in 100 g Fett andünsten, dann 800 g gekochte und in feine Streifen geschnittene Kutteln dazugeben und mit anrösten. Nach einigen Minuten Bratzeit mit etwas Mehl bestäuben und mit ½ bis ¾ l Essig oder Rotwein ablöschen. Das Lorbeerblatt und 4 Wacholderbeeren zugeben, etwas abgeriebene Zitronenschale beifügen und etwa – je nach Weichheit der Kutteln – ½ bis ¾ Stunde in der fertigen Soße ziehen lassen. Dann mit etwas Fleischbrühe auffüllen und abschmecken. Nur soviel auffüllen, daß ein gulaschartiges Gericht entsteht.

Gebratene Hühner mit Stachelbeeren[73]

Zutaten: Junge Hühner, Butter, Stachelbeeren, Semmelmehl, Wein, Zucker.

Zubereitung: Wenn die jungen Hühner rein geputzt, dressiert, in heißem Wasser etwas blanchiert und ein wenig gesalzen sind, steckt man sie an den

Spieß, begießt sie fleißig mit zerlassener Butter, bratet sie schön gelb, nimmt sie dann auf eine Platte und erhält sie warm. Zur Soße dämpft man für zwei Hühner eine starke Hand voll Stachelbeeren, welche mehr reif als unreif sind, ein wenig in einem Stückchen Butter, röstet in einem anderen Geschirr einen halben Kochlöffel voll Semmelmehl in einem Stückchen Butter, streut es an die Beeren, gießt ½ Schoppen Wein und ebensoviel Wasser daran, tut soviel Zucker dazu, bis es eine gehörige Süße hat, läßt es ein wenig kochen und richtet sie über die Hühner oder besonders in einer Salatiere an.

Gefüllte junge Täublein
(das traditionelle Essen an der Sichelhenke)[74]

Zutaten: Tauben, Wecken, Eier, Muskat, Pfeffer, Butter, Zwiebel, Petersilie.

Zubereitung: In heißer Butter (40 g) werden 4 Eßlöffel Zwiebelwürfel und 1 Eßlöffel Petersilie angedämpft. 4 eingeweichte Wecken werden zerdrückt und mit schaumiger Butter, Gewürzen, 2 Eiern, gehackten Taubenleber und -herzen und Petersilie vermischt. 4 bratfertige junge Täubchen werden innen gesalzen und mit der Füllung gefüllt. Beide Schlußstellen mit Bindfäden zunähen. Die Tauben werden außen gesalzen und in heißem Fett ringsum angebraten. Der Magen der Tauben, gelbe Rüben und 1 Stück Brotrinde werden dazugegeben und in einer mittelheißen Bratröhre ca. 1 Stunde gebraten, dabei werden die Tauben öfters mit Fleischbrühe begossen. Sind sie fertig, wird der Bratensatz mit Fleischbrühe etwas aufgefüllt, durchgekocht und dann durch ein Sieb passiert. Den Täubchen werden die Fäden gezogen und Soße und Braten getrennt auf den Tisch gebracht.

Einheimische Tauben zu braten[19]

Zutaten: Tauben, Essig, Pfeffer, Nelken, Zitronenschalen.

Zubereitung: Gieße den lebendigen Tauben Essig und Pfeffer in den Hals, binde ihnen den Hals mit einem Faden fest zu und lasse sie verzappeln. Nach diesem rupfe sie, wie die Rebhühner, und lasse den Kopf ungerupft, nehme sie aus und wasche sie inwendig mit gutem Essig, streue Pfeffer, Nelken und Salz in die Tauben, beize sie 1 oder 2 Tage in Essig ein, je nachdem man sie sauer verlangt. Endlich spicke sie, verbinde ihnen die Köpfe mit Papier, lasse sie allgemach braten und gib bei dem Auftragen ziemlich Zitronenschalen und Scheiben dazu.

Stockfische[69]

Zutaten: Stockfische, Salz, Pfeffer, Zwiebeln, Eier, Fett.

Zubereitung: 2 Pfund gut gewässerte Stockfische werden in kaltem, stark gesalzenem Wasser zugesetzt. Man läßt sie solange auf dem Feuer, bis sie starke Blasen werfen. Man darf sie aber nicht kochen lassen. In diesem Wasser läßt man sie etwa 20 Minuten stehen. Nach dem Herausnehmen werden sie von den Häuten und Gräten befreit, in Portionen geteilt, gepfeffert, auf die Platte gelegt, mit 1–2 gehackten Eiern bestreut und mit 40 g heißem Fett, mit Zwiebeln oder Reibbrot abgeschmälzt.

Pfifferling oder Rehling[69]

Zutaten: Rehling, Butter, Zitrone, Petersilie, Rahm.

Zubereitung: 2 Pfund Pfifferling werden gründlich gewaschen und gereinigt, dann in Stücke geschnitten, mit etwas Salz und Zitronensaft in ca. 60 g Butter gedämpft, mit gehackter Petersilie zerstreut. Nachdem eine halbe Tasse Rahm beigegeben ist, werden sie gleich aufgetragen. Man kann sie auch in eine Buttersoße oder mit gerösteten Kartoffeln geben.

Rehling, früher ein ausgesprochenes Armenessen, wird man heute kaum mehr aus heimischen Pilzen zubereiten können. Selbst Waldarbeiter haben in den letzten Jahren in den oberschwäbischen Wäldern keinen einzigen Pfifferling mehr finden können. Sie führen dies auf intensive Mineraldüngung zurück.

Kurzrezepte

Saure Schwemm: »Schwemmle« mit brauner Brenne, sauer angemacht.

Kichera, Kicherla[71]*:* Sog. Schwabenbohnen werden in brauner Brenne sauer angemacht. Dazu gibt's Spätzla.

Äpfelspätzle oder Bollaspätzle[75]*:* Fingernagelgroße Äpfelschnitzla mit Schale werden fertigen Spätzla beigegeben und kurz in Butter umgedreht. Dazu: Zucker und Zimt.

Rübenkraut[71]*:* Weiße Rüben, die wie große Rettiche aussehen. Sie werden gehobelt und wie Kraut zubereitet. Sie sollen sehr scharf schmecken.

Nach dem Gebetläuten: Brotessen – Vesper

Bachene Knöpfla – Bauraseckala[76]

Zutaten: Spätzlasteig, Schmalz.

Zubereitung: Ein Spätzlasteig aus 3 Eiern, 250 g Mehl, ⅛ l Milch und einer Messerspitze Salz wird hergestellt. Man läßt die zähflüssige Masse durch ein Knöpflassieb in 1 kg heißes Schmalz gleiten. Sobald die Knöpfla goldgelb gebacken sind, werden sie mit dem Schaumlöffel zur späteren Verwendung entnommen.

Ölseckala

Zutaten: wie oben, anstatt Fett nimmt man Öl.

Zubereitung: wie oben.

Salbeiküchlein (»Mäusle«)[19,8]

Zutaten: Gewürzsalbei, Schmalz, Mehl, Eier.

Zubereitung: Nehme recht schöne breite Salbei, ziehe sie durch frisches Wasser, brich vorne die kleinen Spitzen hinweg, lege sie zwischen ein sauberes Tuch und laß es trocknen. Indessen laß ein Stück Schmalz in einer Pfanne recht heiß werden, röste eine gute Handvoll Mehl ziemlich trocken darin, tue es in eine tiefe Schüssel, salze es und rühre es mit ein wenig frischem Wasser an, schlage das Weiße von 2 Eiern, hernach ein ganzes, wieder ein Eiweiß, und wieder ein ganzes immer wechselweise daran, bis der Teig in der Dicke recht ist. Alsdann tunke ein Blättlein Salbei nach dem anderen darein, laß es ein wenig ablaufen, und backe es in recht heißem Schmalz. Je heißer das Schmalz ist, je schöner werden sie. Du mußt aber das

Die bäuerliche Küche um 1600. Voggenhaus von 1586 im Freilichtmuseum Kürnbach-Bad Schussenried, Inventar 18. und 19. Jahrhundert

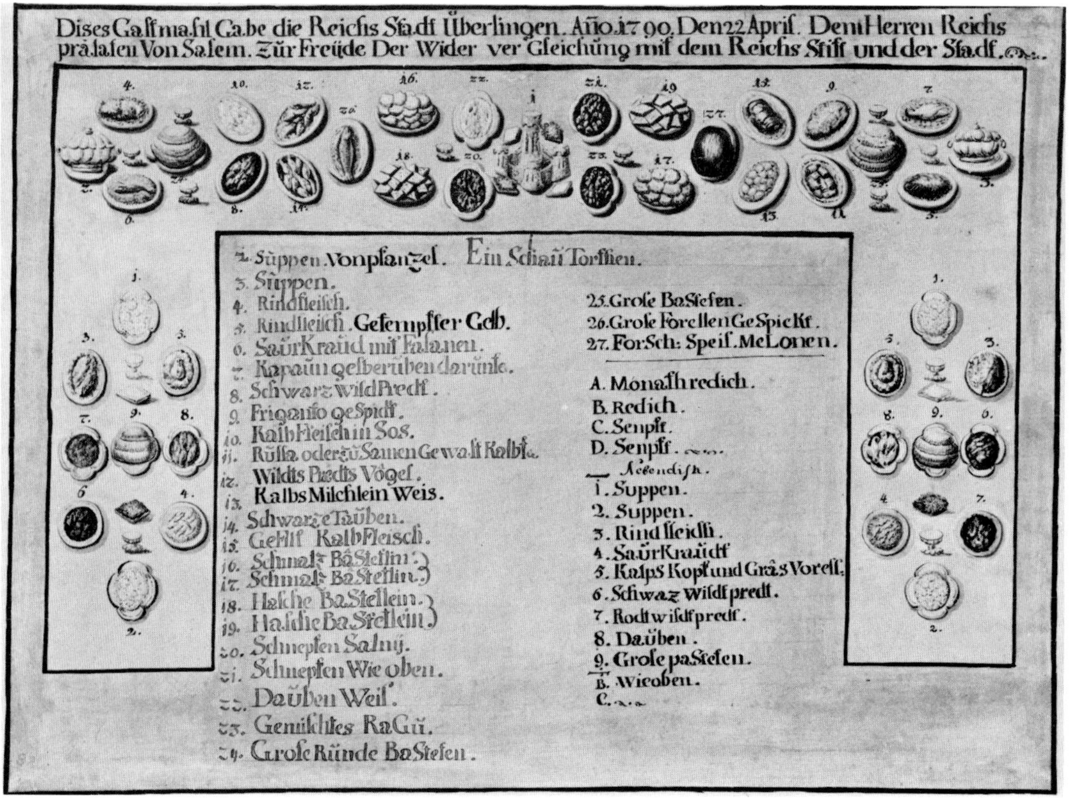

Dises Gastmahl Gabe die Reichs Stadt Überlingen. Año. 1790. Den 22 April. Den Herren Reichs prälaten Von Salem. Zür Freüde Der Wider ver Gleichüng mit dem Reichs Stift und der Stadt.

2. Süppen Vonpfanzel. Ein Schaü Torften.
3. Süppen.
4. Rindfleisch.
5. Rindfleisch. Gefempfter Gelb.
6. Saür Kraüd mit Fasanen.
7. Kapaün gelberüben darünte.
8. Schwarz wildPredt.
9. Frigaüso geSpickt.
10. Kalb Fleisch in Sos.
11. Rüsta oder zü Samen Gewalst Kalbf.
12. Wilds Predts Vögel.
13. Kalbs Milchlein Weis.
14. Schwarze Taüben.
15. Gefüllt Kalb Fleisch.
16. Schmalz BaStetlin.
17. Schmalz BaStetlin.
18. Hasche BaStetlein.
19. Hasche BaStetlein.
20. Schnepfen Salmi.
21. Schnepfen Wie oben.
22. Daüben Weis.
23. Gemischtes RaGü.
24. Grose Ründe BaStesen.
25. Grose BaStesen.
26. Grose Forellen GeSpickt.
27. For Sch: Speis. MeLonen.

A. Monatsh redich.
B. Redich.
C. Senpft.
D. Senpft.

Nebendisch.

1. Suppen.
2. Suppen.
3. Rind fleisch.
4. Saür Kraüdt
5. Kalps Kopf und Grâs Voresst.
6. Schwaz wildtpredt.
7. Rodtwildtpredt.
8. Daüben.
9. Grose paStesen.

B. Wieoben.
C.

Speisekarte von 1790 anläßlich des Friedensfestes zwischen der Reichsstadt Überlingen und dem Reichsstift Salem. Städt. Heimatmuseum Überlingen

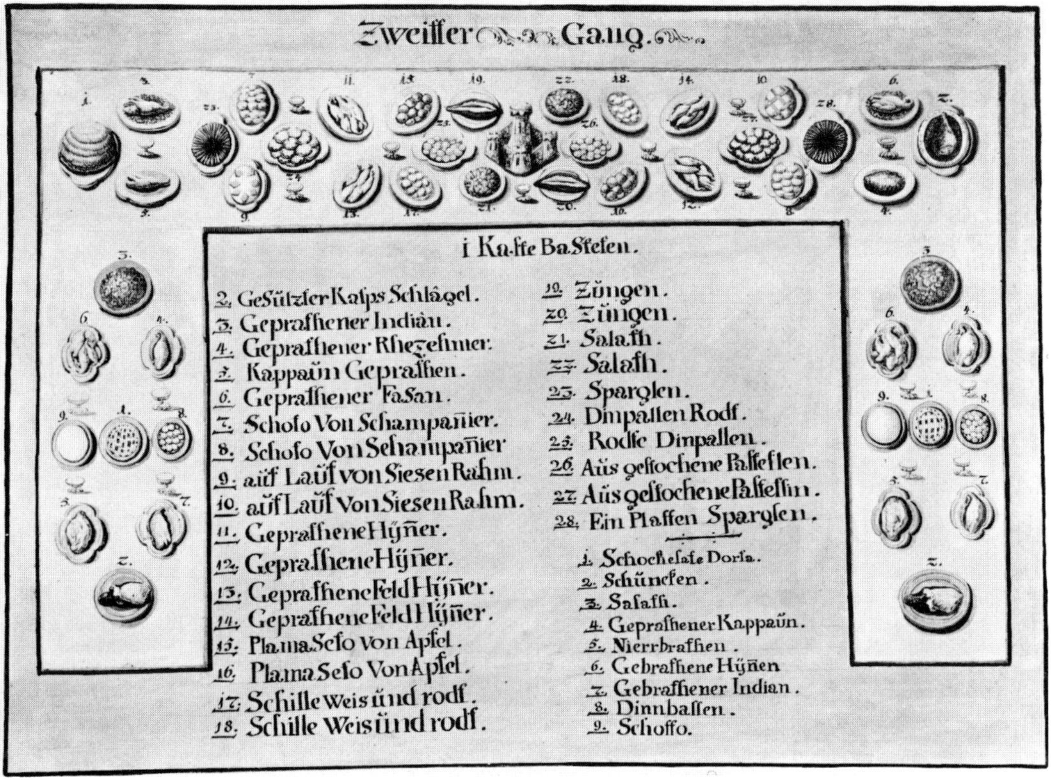
Zweiter Gang.
1 Kaffe BaSteten.
2. GeSültzter Kalps Schlägel.
3. Geprattener Indian.
4. Geprattener Rhezetimer.
5. Kappaün Geprattten.
6. Geprattener FaSan.
7. Schoto Von Schampanier.
8. Schoto Von Schampanier
9. aüf Laüf von Siesen Rahm.
10. aüf Laüf Von Siesen Rahm.
11. Geprattene Hÿner.
12. Geprattene Hÿner.
13. Geprattene Feld Hÿner.
14. Geprattene Feld Hÿner.
15. Plama Seto von Apfel.
16. Plama Seto Von Apfel.
17. Schille Weis ünd rodt.
18. Schille Weis ünd rodt.
19. Züngen.
20. Züngen.
21. Salath.
22. Salath.
23. Sparglen.
24. Dinpallen Rodt.
25. Rodte Dinpallen.
26. Aüs gestochene Pasteten.
27. Aüs gestochene Pastetten.
28. Ein Platten Sparglen.
1. Schochetate Dorta.
2. Schüncken.
3. Salatti.
4. Geprattener Kappaün.
5. Nierrbratten.
6. Gebrattene Hÿnen
7. Gebrattener Indian.
8. Dinnballen.
9. Schoffo.

Die bäuerliche Küche um 1700. Küchenflur des Strohdachhauses von 1664 im Freilichtmuseum Kürnbach-Bad Schussenried, Herd und Inventar um 1800 bzw. 19. Jahrhundert

Schmalz mit dem Löffel immerfort aufgießen, damit sie desto schöner auflaufen.

Zutaten: Mehl, Backpulver, Zucker, Milch, Eier, frische Salbeiblätter.

Zubereitung: Aus 250 g Mehl, 1 Teelöffel Backpulver, 2–3 Eiern, 70–100 g Milch, 40 g Zucker und einer Prise Salz wird ein dickflüssiger Teig hergestellt, den man etwa 1 Stunde ruhen läßt. Dann werden die Salbeiblätter in den Teig getaucht und dieser im Fett schwimmend goldgelb gebacken, mit Zucker bestreut und serviert.

Nonnenfürzla[34]

Zutaten: Mehl, Butter, Milch, Eier, Zucker, Backpulver.

Zubereitung: Aus 125 g Mehl, 50 g Butter, ¼ l Milch und 1 Prise Salz wird ein Brandteig gefertigt. Milch, Salz und Butter werden zum Kochen gebracht. Nach kurzem Aufwallen wird das Mehl im ganzen eingerührt und zwar solange, bis der Teig sich vom Topf löst. Er wird dann vom Feuer genommen und mit 3 Eiern und 1 Eßlöffel Zucker und 1 Messerspitze Backpulver mit etwas Mehl vermengt und verrührt. Mit einem Teelöffel werden kleine Knödel geformt, die schwimmend in Fett goldgelb gebacken werden.

Die Bezeichnung Nonnenfürzla soll von dem zischenden Geräusch herrühren, das entsteht, wenn der Teigknödel ins heiße Fett gelangt.

Fasnachtsküchla[77]

Zutaten: Mehl, Butter, Eier, Hefe, Milch.

Zubereitung: Aus ½ Pfund Mehl, 125 g Butter, 4 Eiern, 30–40 g Hefe und Milch wird ein Teig nach Art der Hefeteige gemacht. Wenn er in der Schüssel gegangen ist, so sticht man Stücke aus der Masse, drückt sie ½ cm dick, schneidet verschobene Vierecke davon, läßt sie auf dem mit Mehl bestreuten Backbrett gut gehen und backt sie, im Schmalze schwimmend, unter öfterem Umdrehen schön gelb; dann legt man sie einen Augenblick auf Brotschnitten zum Ablaufen und bestreut sie mit Zucker und Zimt. Bei allem Schmalzgebackenem muß die Platte erwärmt sein, auf die es zu liegen kommt. Da die Fasnachtsküchlein sehr aufgehen im heißen Schmalz, darf man nicht zu viele auf einmal einlegen.

Verzogene Küchla[66]

Man stellt einen Hefeteig wie bei den Fasnachtsküchlein her. Wenn der Teig fertig ist, wird mit einem Eßlöffel Teig herausgenommen und dieser »verzogen«, dann in siedendem Fett ausgebraten.

G'walete Küchlein[69]

Zutaten: Mehl, Butter, Rahm, Ei, Hefe, Milch, Zucker, Zimt, Backfett.

Zubereitung: Von 1 Pfund Mehl, 10 g Hefe, 60 g Butter, ½ Tasse saurem Rahm, 3–4 Löffel Milch, 1 Ei (alles erwärmt), ein wenig Zucker und Salz wird ein weicher Nudelteig gemacht und ganz wenig verarbeitet. Man läßt ihn ½ Stunde ruhen. Nachher wird er ausgewellt und mit dem Rädchen in Stückchen geschnitten und im schwimmenden Schmalz gebacken, hernach mit Zucker und Zimt bestreut. Mögliche Füllung: Hutzelbirnenmus.

Strauba

Mürbeteig wird durch ein großmaschiges Sieb gedrückt und in siedendem Fett ausgebacken.

Zwiebelkuchen[69]

Zutaten: Zwiebel, Ei, Mehl, Fett, Butter, Rahm, Salz, Kümmel.

Zubereitung: Man macht einen gewöhnlichen Hefeteig. 1½ Pfund Zwiebeln werden geschält und sehr fein geschnitten, in Butter etwas weich gedünstet, mit einem Löffel Mehl eingestäubt, Salz, ½ Tasse saurem Rahm, 1 Ei und Kümmel gut verrührt und auf den Kuchen gestrichen.

Ulmer Schnitten oder Ulmer Brot[74]

Zutaten: Mehl, Hefe, Milch, Butter, Zitronat, Anis, Fenchel, Vanillezucker, Ei.

Zubereitung: In einem halben Liter Milch werden 60 g Hefe angesetzt. Nach dem Gehen 1500 g Mehl und 125 g Butter, 250 g Zucker, 30 g gewürfeltes Zitronat, 1 Prise Anis und 1 Prise Fenchel und 3 Päckchen Vanillezucker hineinarbeiten und den Teig gut schlagen. In 4–5 gleichmäßige Stücke teilen, jedes zu einem länglichen Laib formen, der in der Mitte der Länge nach eingeschnitten wird. Auf gefetteten Blechen 20 Minuten stehenlassen, dann außerhalb des Schnittes mit 1 Ei bestreichen und bei 220 Grad Celsius backen.

Brottorte mit Butter[73]

Zutaten: Butter, Eier, Zitrone, Zucker, Mandeln, Brot.

Zubereitung: Man rührt ½ Pfund Butter leicht, rührt das Gelbe von 16 Eiern darein, tut ½ Pfund gesiebten Zucker nebst der abgeriebenen Schale von 1 Zitrone, ¼ Pfund geschälte und zart gestoßene Mandeln, ¾ Pfund altgebackenes samt der Rinde geriebenes, aber nicht gedörrtes Brot dazu, schlägt das Weiße von 12 Eiern zu steifem Schaum und rührt ihn auch in die Masse. Nun wird ein Tortenmodel bestrichen und bestreut, die Masse dareingefüllt und langsam gebacken. Sie braucht ¾ Stunden, bis sie fertig ist.

Mandellebzelten[73]

Zutaten: Mandeln, Eier, Zucker.

Zubereitung: Man rührt ½ Pfund geschälte, fein gestoßene Mandeln mit dem geschlagenen Schaum von 5 Eiern an, nimmt ¼ Pfund gesiebten Zucker dazu, macht es recht untereinander, nimmt die Masse in ein messingnes Pfännchen oder Becken, läßt sie auf Kohlen weiß abtrocknen und in einem anderen Geschirr erkalten; nun werden ganze Oblaten auf ein Blech gelegt, von der Masse daraufgestrichen, wie man sie in der Größe haben will, mit Zucker überstreut, mit dem dazugehörigen Model aufgedrückt und in einem nicht mehr heißen Ofen langsam gebacken.

Springerle[74]

Zutaten: Eier, Puderzucker, Hirschhornsalz, Mehl, Anis, Zitronenschalen, Kirschwasser.

Zubereitung: 4 Eier und 500 g Puderzucker 1 Stunde schaumig rühren, 1 Prise Hirschhornsalz dazugeben und nach und nach 500 g vom besten Mehl hineinregnen lassen. Dann 2 Eßlöffel Anis und das Abgeriebene, 1 Zitronenschale und 1 Likörglas Kirschwasser dazugeben, dann den Teig auf dem Brett fertigwirken. 2 Stunden ruhen lassen. Die Model mit einem kleinen mit Mehl gefüllten Mullsäckchen gut ausstauben. Den Teig etwa 1 cm dick ausrollen, in Größe des Models beschneiden, darauflegen und mit dem bemehlten Handballen fest hineindrücken, damit die Formen scharf herauskommen. Dann die einzelnen Stücke sauber abschneiden und auf das gefettete, dünn mit Anis bestreute Blech legen. Nun läßt man sie 24 Stunden in der warmen Küche ruhen. Danach bei 180 Grad Celsius ganz langsam backen. Sie dürfen unten zart goldgelb werden und müssen oben weiß bleiben und ein gleichmäßiges Füßchen bekommen. Die Springerle müssen mindestens 4 Wochen kühl und nicht zu trocken lagern, damit sie schön zart und mürbe werden (vgl. Abbildungen S. 63–66).

Dinnete – Dennet – Zelta – Plätz[66]

Zutaten: Brotteig, Schmalz/Butter, Milch/Sauerrahm, Mehl, Auflage.

Zubereitung: Vom fertigen Brotteig nimmt man eine Handvoll heraus und formt einen etwa kleinen Finger dicken Fladen (vgl. Pizza), darauf wird das Teigle gestrichen, das aus Schmalz (Butter), Milch (besser Sauerrahm), etwas Mehl und Salz besteht. Als Auflage wird das verwendet, was man gerade in der Küche vorfindet: Zwiebelscheiben, Schnattera (Zwiebelröhrle), Kümmel, Fenchel, Grieben, Speck, Holderblüten, verquirlte Eier etc. Bei 250° C gar backen und warm essen. Schmeckt hervorragend.

Nachtessen: Z'Nacht viele Suppen

Einfache Brotsuppe[77]

Zutaten: Brot, Fleischbrühe, Ei, Schnittlauch.

Zubereitung: Man nimmt feine, zuvor im Backofen etwas geröstete Brotschnitten, gießt kochende Fleischbrühe daran und kocht die Suppe langsam, etwa 1 Stunde lang. Mit Eigelb abgezogen, schmeckt Brotsuppe milder. Schnittlauch wird besonders aufgestellt.

Süße Brotsuppe[78]

Zutaten: Schwarzbrot, Wasser, Zitrone, Himbeersaft, Sultaninen, Salz und Zucker.

Zubereitung: 200 g Schwarzbrot in kleine Stücke schneiden, in 1½ l Wasser weichkochen, durch ein Sieb streichen, noch einmal aufkochen lassen, Salz, Zucker, Saft einer halben Zitrone, 2–3 Eßlöffel Himbeersaft und 50 g gereinigte Sultaninen zugeben; kurz kochen, abschmecken, anrichten.

Laugenbrezelsuppe[75]

Übrig gebliebene Laugenbrezeln werden in kleine Stückla gebrochen und mit Fleischbrühe übergossen.

Brennsuppe[58]

Zutaten: Fett, Mehl, Zwiebel, Kümmel.

Zubereitung: Ungefähr 40 g Fett erhitzen, 3 Eßlöffel Mehl dazugeben und bräunen; die kleingeschnittenen Zwiebelschnitzla von 1 Zwiebel daruntermengen. Mit ungefähr 1 l Wasser aufgießen, mit Salz, Kümmel und anderen Küchenkräutern nach Belieben abschmecken.

Bratbrennsuppe[71]

Zutaten: Wecken, Wasser, Fett, Mehl, Muskat.

Zubereitung: 1–2 Weckla werden kleingeschnitten und mit heißem Wasser übergossen, dann macht man aus Fett eine hellbraune Brenne, löscht sie mit den im Wasser liegenden Weckla ab. Dazu gibt man nach Belieben Salz und Muskat.

Hafersuppe[19]

Zutaten: Schmalz, Hafermehl, Muskatnuß.

Zubereitung: Nehme etwas mehr Schmalz als zu einer gebrennten Suppe (»Schmalz so groß als ein rechtes Hühnerei«), mach' es heiß und röste Hafermehl schön gelb darin, salze es, aber ja nicht zuviel, und tue kein Gewürz daran, als etwa ein wenig Muskatnuß. Schneide nur ganz wenig Weißbrot oder Semmel gewürfelt und richte es darüber an.

Geröstete Grießsuppe[63]

Zutaten: Grieß, Schmalz, fertige Fleischbrühe, gebähte Brotschnitten.

Zubereitung: Man rechnet auf eine Person einen gehäuften Eßlöffel voll Grieß, röstet es in gutem Schmalz, gießt gute Fleischbrühe daran, soviel man zur Suppe nötig hat, läßt sie eine Stunde kochen, und richtet sie über etliche gebähte Brotschnitten an (Toastbrot tut's auch). Oder man backt in Würfel geschnittenes Brot in heißem Schmalz und belegt die Suppe damit.

Gebrannte Grießsuppe[69]

Zutaten: Fett, Grieß, Ei, Wasser, Muskatnuß, Schnittlauch.

Zubereitung: In 50 g Fett werden 6 Löffel Grießmehl hellgelb geröstet, mit Wasser abgelöscht, und nachdem die Suppe einige Zeit gekocht hat, gesalzen und gewürzt mit Muskatnuß und Schnittlauch. Noch besser ist die Suppe, wenn sie mit einem Ei abgezogen wird.

Riebelesuppe/Geriebene Gerstensuppe[63,78]

Zutaten: Mehl, Ei, fertige Fleischbrühe.

Zubereitung: Hierzu nehme man soviel Mehl auf ein Nudelbrett, als man mit einem Ei anfeuchten kann, salze es und knete es gut, daß ein fester Teig daraus wird; reibe diesen auf dem Reibeisen ab oder wiege ihn fein mit dem Wiegenmesser ab, koche dieses eine Viertelstunde vor dem Anrichten langsam in einem Topf oder einer Pfanne mit anderthalb Maß guter Fleischbrühe (etwas mehr als 2 Liter), rühre es öfter um, salze es, wenn es noch bedarf, und trage die Suppe auf. Für 6 bis 8 Personen nehme man noch soviel Mehl und 2 Eier wie das Doppelte der Fleischbrühe.

Zutaten: Ei, Mehl, Fleischbrühe.

Zubereitung: Aus 100 g Mehl und 1 Ei einen Nudelteig herstellen, der ziemlich fest sein soll. Den Teig auf dem Reibeisen reiben, die Riebele auf einem Brett trocknen lassen, dann in 1½ l Fleischbrühe einstreuen, 4–6 Minuten kochen, die Suppe abschmecken und anrichten.

Einlaufsuppe[69]

Zutaten: Mehl, Wasser, Milch, Eier, Fleischbrühe.

Zubereitung: 2 Löffel Mehl werden mit Wasser oder Milch angerührt, 2–3 Eier dazugegeben und gut beigemengt. Nun wird das Teigle in kochende Fleischbrühe eingerührt. Dann läßt man die Suppe noch einige Male aufkochen, gibt Salz daran und richtet sie an.

Erbsensuppe mit Fleischbrühe[63]

Zutaten: Erbsen, Petersilie, Sellerie, gelbe Rüben, Muskatnuß, gebähte Semmelschnitten, fertige Fleischbrühe.

Zubereitung: Man reinige die Erbsen von ihrem gewöhnlichen Unrat, setze sie in lauem Wasser zum Feuer und lasse sie sieden, bis sie weich sind. Wenn sie eine Stunde lang gesotten haben, so lege nach Proportion geputzte Petersilie, Sellerie, gelbe Rüben und Salz dazu. Sind sie weichgesotten, so seihe man die Brühe bis auf ein wenig ab, drücke die Erbsen durch einen Seiher, gieße gute Fleischbrühe darüber, lasse sie eine Viertelstunde lang sieden und richte sie über gebähte Semmelschnitten an (getoastetes Weißbrot tut's auch), tut auch etwas Muskatnuß daran; hat man bereits gerändelte, d. h. von Ösen freie Erbsen, so darf man die Erbsen nicht durchtreiben, sonst bleibt die Behandlung die gleiche.

Kräutersuppe[63]

Zutaten: Kerbelkraut, Sauerampfer, Kresse, 1 Zitronenschnitz, fertige Fleischbrühe, Mehl, 1 Eidotter.

Zubereitung: Hierzu nimmt man hauptsächlich Kerbelkraut, allenfalls auch ein wenig Sauerampfer und Kresse, putzt sie rein, schneidet sie klein, läßt in einem Kächele etwas Abschöpffett zergehen, bringt das

Geschnittene nebst einem Zitronenschnitzlein hinein, läßt es anlaufen, rührt es um, damit es nicht anbrennt, staubt ein wenig Mehl darein, läßt es noch ein wenig dünsten, gießt gute Fleischbrühe darüber, läßt es eine Viertelstunde lang sieden, gibt noch das Eidotter dazu und richtet sie über gebähte Semmelschnitten an (Toastbrot tut's auch).

Sauerampfersuppe[19]

Zutaten: Sauerampfer, Fleischbrühe, Eier, Ingwer, Muskatnuß.

Zubereitung: Koche edle Sauerampfer, soviel du willst, in frischer Fleischbrühe, gieße nach dem Kochen die Brühe durch einen Suppenseiher oder Durchschlag, rühre in die durchgeloffene Brühe das Gelbe von 3 oder 4 Eiern, doch so, daß sie nicht gerinnen, würze die Brühe mit Ingwer und Muskatnuß und richte sie siedend über gebähte Weißbrotschnitten an. Oben darauf lege die gekochten Sauerampfer. So ist die Suppe fertig.

Sauerampfer- oder Spinatkremsuppe[79]

Zutaten: Sauerampfer oder Spinat, Sauerrahm, Eier, Fleischbrühe, Mehl, Butter.

Zubereitung: Ca. 500 g Sauerampfer oder Spinat weichkochen, durch ein Sieb passieren, einige Eßlöffel Sauerrahm mit wenig Mehl vermengen oder eine dünne, helle Mehlschwitze bereiten, mit Fleischbrühe oder dem Spinat- bzw. Sauerampferwasser auffüllen. Salzen und mit dem passierten Sauerampfer oder Spinat verrühren und aufkochen. Danach noch mit Sauerrahm abschmecken und heiß auf das in der Suppenschüssel mit einem nußgroßen Stück Butter verrührte Eigelb gießen.

Kirschsuppe (»Kriasasupp«)[19]

Zutaten: Kirschen, Wein, Zitronenschalen, Pommeranzenwasser, Zimt.

Zubereitung: Nehme Kirschen, gieße nach der Menge der Kirschen 3 Teile Wasser und 2 Teile Wein daran, tue etwas Zitronenschalen, Pommeranzenwasser und ganzen Zimt dazu, aber durchaus nichts Fettes, weder Butter noch Schmalz, lasse alles zusammen eine Stunde kochen, gieße es über geröstete Weißbrotschnitten und trage es nach Belieben warm oder kalt auf.

Andere Art von Kirschsuppe

Zutaten: Sauerkirschen, Wein, Zucker, Zimt, Nelken.

Zubereitung: Nehme Weichsel (Sauerkirschen), siede sie wohl, daß die Steine alle davongehen, treibe sie durch, tue Wein, Zucker, Zimt und Nägelein darein, nach Gutbefinden, und lasse alles über einem gelinden Kohlefeuer warm werden, aber nicht sieden. Wenn es gar zu dünn werden will, tue ein wenig Mutschelmehl darein und richte es über gebähte oder in Schmalz gebackene Weißbrotschnitten an.

Biersuppe[18]

Zutaten: Butter, Mehl, Bier, Zucker, Zitrone, Nelke, Ei, Weißbrot.

Zubereitung: 40 g Butter erhitzen, 40 g Mehl hell anrösten, mit 1 l Weißbier ablöschen, 2–3 Eßlöffel Zucker und Zitronenschale, 1 Nelke zugeben und kurz aufkochen. Die Suppe durchsieben, 2 verquirlte Eigelbe darunter rühren, nochmals aufkochen und über geröstete Weißbrotwürfelchen anrichten.

Zum guten Schluß

Zum guten Schluß wird der geneigte Leser angesichts des Kilojoule-Dauerregens sicher über Magenbeschwerden klagen, es sei, er hätte heute schon seit vier Uhr morgens ein Jauchert im Ösch gemäht. In diesem Fall wird er eher über Gliederschmerzen jammern. Für das eine wie das andere bieten unsere Archive probate Mittel an.

Stärkende Wirkung zeigt *»ein guetes Öl von Regenwürmern, ist gewehrt für erlahmte Glider«* [80]*:* Man soll die Würm nehmen und, wie mans findt, in Öl sieden, außtrocknen, und alsobald brauchen. Man muß der Würm ziemlich viel nemmen, daß es fein kräftig wirdt.

Magenbeschwerden und -krämpfe wurden meist durch einen Gang in den Garten beseitigt: man klaubte Wermuth und kaute ihn. Fürnehmer als weiland Gottvater aus Sailers Schöpfung, der »a G'sicht macht, as thät er Wermuath schlotze«, beseitigen folgende Rezepte *das unangenehme Drücken des Magens*:

Camillen, Wohlmuet (ist die windtreibende Krauseminze), Kümmel, eins so viel als das andere, in Wein gesotten, ein Bad-Schwamm darin genetzt, und wohl warm über den Magen gelegt.

Bibernell-Kraut und Wurz (d.i. Meisterwurz) in halb Wein und halb Wasser gesotten und warm auf den Magen gelegt, ist gar bewehrt.

Fenchelsamen zur Nacht, wenn man schlafen gehet, und morgens, wenn man aufstehet, gessen, stärkt den Magen und macht wohl dauern.

Wenn es ganz schlimm werden sollte, hilft sicherlich unsere *»Magentinktur«* [81]: Calmus- und Enzianwurzel, von jedem anderthalb Unzen (eine Unze = 31,25 g), gepulverte Fieberrinde zwei Unzen, Curassao-Pomeranzen, die Knospen von Tausendguldenkraut, Cardobenediktensamen, von jedem eine Unze, Eisenfeilspäne, die man in eine Leinwand gebunden, drei Unzen, weißen Franzwein acht Kannen. Man lasse alles drei Tage in gelinder Wärme stehen und seihe darnach die Tinktur durch.

So kam das Buch zustande

Stellvertretend für 120 jüngere und ältere Informanten zwischen den Lutherischen Bergen und den Tettnanger Hopfenstangen sei Pater Ägid von Ottobeuren und dem Karle vom Bussen gedankt. Unser Bauernstand ist – das sei einfach festgestellt – konservativ, hat er doch im Mittelalter fast 400 Jahre gebraucht, bis er die längst erfundene Sense annahm und benutzte. Ist es deshalb verwunderlich, wenn ich unter die Bauern gegangen bin, um stichhaltige Barockrezepte zu erhalten? Was mir meine bis zu 93 Jahre alten Verbündeten erzählten, habe ich prompt in alten Kochbüchern des 17. und 18. Jahrhunderts wiederfinden können: auch die Eß- und Trinkgewohnheiten ändern sich hierzulande nur langsam.
In diesem Zusammenhang sei in Erinnerung gerufen, daß sich die Kartoffel erst im 19. Jahrhundert langsam ausbreitete und beim Z'Neune oder Brotessen als Pellkartoffel, beim sonntäglichen Mittagessen als Kartoffelsalat gegessen wurde. Sie tauchte im ersten Drittel des 19. Jahrhunderts in mittel- und ostschwäbischen Kochbüchern ganz schamhaft mit höchstens zwei Zubereitungsarten auf (»Grundbierensalat« oder »Erdäpfelmus»). In unserem Jahrhundert hat sie die Speisekarten unserer Gasthäuser erobert – außer in der bereits genannten Zubereitungsart – erst als »Pomfreds« (so in einer Baiz auf dem Höchsten), dann – in vornehmeren Wirtschaften – als »Rösti«.
Doch wieder zurück zur barocken Knöpfle-Seligkeit: alten Predigten, Rechnungsakten (Quittungen), Hausordnungen (Spital-, Kloster-, Schloßordnungen) und Reiseberichten läßt sich entnehmen, wer welche Speisen wann gegessen hat. Hatte ich die Bezeichnung des Gerichts, so gaben zeitgenössische Koch- und Rezeptbücher oder meine Informanten bereitwillig Auskunft über die Zubereitung.
Da ich stets von einem archivalischen Fund ausgegangen bin, gewissermaßen aus gesicherten Quellen geschöpft habe, ist es einleuchtend, daß ich nicht alles, was die Menschen in der Barockzeit gegessen und getrunken haben, hier nenne. Dieses

Verfahren gibt immerhin die Sicherheit, daß die Speisen und Getränke, die in diesem Bändchen verzeichnet sind, im 17. und 18. Jahrhundert in Oberschwaben tatsächlich genossen wurden. Nicht jedes Rezept, das in diesem Buch steht, konnte ausprobiert werden, weil die Möglichkeiten, die eine moderne Küche bietet, beschränkt sind. Außerdem wollte es der Verfasser nicht einer Dampfnudel gleichtun...

Zum Ende hin habe ich zu danken, zuerst Herrn Landrat Dr. Guntram Blaser, Landkreis Ravensburg, der den Anstoß gab, nach oberschwäbischen Leibspeisen unserer Vorfahren zu forschen und über »Essen und Trinken im Barock« zu schreiben, dann dem Fürstlichen Haus Waldburg zu Wolfegg und Waldsee, das mir Schloß, Bibliothek und Archive in Wolfegg öffnete und damit seinem uralten Titel eines Reichsküchelmeisters alle Ehre machte, und nicht zuletzt den vielen Menschen in Oberschwaben, die das Werden von Manuskript und Buch bis zum glücklichen Abschluß hilfreich begleitet haben.
Bevor sich nun der Leser von den barocken Knöpfla, Spätzla, Nudla und Küchla wieder zu Nasi-Goreng, Pizza oder Steak wendet, möge er zum hoffentlich guten Schluß eine kleine Denksportaufgabe lösen: Wie hoch stieg der Eiweißverbrauch seit dem Ende der Barockzeit? Wochendurchschnitt damals (1785) an tierischem Eiweiß 4 Gramm, an pflanzlichem 62 Gramm[10]. Und heute?

Lösung: An die 100%
(1967: tierisches Eiweiß 52 Gramm, pflanzliches 69 Gramm)

Anmerkungen und Literatur

1 Bemerkungen über Menschen und Sitten auf einer Reise durch Franken, Schwaben, Bayern und Österreich im Jahre 1792. 1796.

2 Goethe, Wolfgang: Reineke Fuchs, in: Goethes Werke, Festausgabe. Leipzig o. J., IV. Bd., S. 106.

3 Gerbert, Martin: Reisen durch Alemannien, Welschland und Frankreich. Ulm 1767.

4 Klagen Biberachs gegen übermäßige Frondienste der Schad'schen Vormundschaft. Fürstlich Waldburg-Wolfegg'sches (= FWW) Gesamtarchiv, Schloß Wolfegg, WoWo 17795. Deutsch-Ordenszentralarchiv Wien, GKP 6. Febr. 1746 (betr. Alleenbau in Altshausen).

5 Friedell, Egon: Kulturgeschichte der Neuzeit. München 1969.

6 Neubauer, Jean: Allerneuestes Kochbuch. München 1774.

7 Birlinger, Anton: Ein alemannisches Büchlein von guter Speis, in: Sitzungsberichte der königl. bayer. Akademie der Wissenschaften. Jg. 1865, Bd. II. München 1865.

8 Kolb, Ägidius/Lidel, Leonhard: D' schwäbisch' Kuche. Kempten [8]1980.

9 Siklós, Olga/Magyar, Pál: Az inyesmester szakács könyve. Budapest 1970. Bence, Vera: Gasztronómiai utazás. Budapest 1972.

10 Teuteberg, Hans/Wiegelmann, Günter: Der Wandel der Nahrungsgewohnheiten unter dem Einfluß der Industrialisierung. Göttingen 1972.

11 FWW-Gesamtarchiv, Schloß Wolfegg, WoWo 1276 und F 702.

12 Barczyk, Michael: Die Durchführung der Reformen Kaiser Josephs II. und I. H. von Wessenbergs in der Stadt Saulgau (Manuskript). Tübingen 1966.

13 Barczyk, Michael/Schurer, Paul: Kirche und Stift St. Peter zu Waldsee. Bad Waldsee 1979 (Veröffentl. des Stadtarchivs Bad Waldsee Reihe B, Nr. 3).

14 So der württembergische Kommissar zum Landkomtur bei der Übernahme Altshausens. Vgl. Barczyk, M.: Wiener Quellen zur Geschichte der Landkommende Altshausen (Manuskript). Wien–Tübingen 1972.

15 Buck, Michel: Medicinischer Volksglauben und Volksaberglauben aus Schwaben. Ravensburg 1865, [3]1980.

16 Teuteberg–Wiegelmann: a. a. O.

17 Locher, Lorenz (Hrsg.): Sebastian Sailer. Munderkingen/Donau 1965.

18 Grüninger, Ursula: Das schwäbische Kochbuch. Stuttgart 1979.

19 Neues wohl eingerichtetes Kochbuch (...), Teil 1, Tübingen 1749; Teil 2, Tübingen 1753. Das Kochbuch befindet sich im Besitz der Nachkommen des letzten Klosterkochs des Reichsstifts Marchtal, Joseph Kuonz (geb. 1767). Auch nach der Säkularisation des oberschwäbischen Stifts kochte Kuonz, nunmehr als »hochfürstlich Thurn und Taxis'scher Leibkoch«, nach dieser Vorlage.

20 S. J. W.: Neues Augsburgisches Kochbuch. Nördlingen 1821.

21 FWW-Gesamtarchiv, Schloß Wolfegg, F 702 v. 7. März 1767.

22 Buck, Michel: Auf dem Bussen. Riedlingen 1980 (Neudruck).

23 Spahr, Gebhard: Die Basilika Weingarten. Sigmaringen 1974.

24 Stadtarchiv Bad Waldsee Nr. 544.

25 Pfarrarchiv Riedhausen, anno 1790, freundl. Mitt. von Paul Schurer, Bad Waldsee-Reute.

26 Pflug, Johann Baptist: Aus der Räuber- und Franzosenzeit Schwabens. Weißenhorn 1966.

27 Dreher, Alfons: Geschichte der Reichsstadt Ravensburg Bd. 2. Weißenhorn-Ravensburg 1972.

28 Freundl. Mitt. von Rolf Staedele, Ravensburg, der die Interviews besorgte (Aufnahme Dezember 1980).

29 Schneiderhan, Anton: Heimatbuch des württembergischen Bodenseegebiets. Ravensburg 1925.

30 FWW-Gesamtarchiv, Schloß Wolfegg, WaWa 1121,9–anno 1675.

31 Ebd., WoWo 5756.

32 Spahr, Gebhard: Benediktiner-Priorat Hofen während der Barockzeit. Friedrichshafen 1961.

33 Goetz, Wilhelm: Speise und Trank vergangener Zeiten in deutschen Landen. Basel 1882.

34 Foster, Norman: Schlemmen hinter Klostermauern. Hamburg 1980.

35 Keinath, Walther: Orts- und Flurnamen in Württemberg. Stuttgart 1951.

36 Portae, Johann-Baptist: Magia Naturalis oder Haus-, Kunst- und Wunderbuch Bd. 2. Nürnberg 1680.

37 Tissot, S. A. D.: Von der Gesundheit der Gelehrten. Zürich 1768.

38 Stadtarchiv Bad Waldsee Nr. 1408.

39 Nach einer Markungskarte von 1769/1773 von F. J. Amann im großen Sitzungssaal des Rathauses zu Bad Waldsee.

40 Allgemeine Statuten für die Unterthanen des Reichsstiftes Schussenried. Riedlingen 1794. Zum Vergleich: Pflicht und Schuldigkeit eines Unterthanen der Herrschaft Warthaußen. o. J.

41 Spahr, Gebhard: Reisende in Schwaben, in: Katholischer Volks- und Hauskalender 1978. Ostfildern o.J.

42 Treue, Wilhelm: Kulturgeschichte des Alltags. München 1952.

43 Biehn, Heinz: Feste und Feiern im alten Europa. München o.J.

44 HECKMANN, Herbert: Die Freud des Essens. München 1979.

45 BACMEISTER, A.: Eine gräfliche Kindstaufe vor 300 Jahren, in: Württembergische Vierteljahreshefte für Landesgeschichte. Jg. XI, 1888, Stuttgart 1889.

46 BLEICHER, Walter: Das gesellschaftliche Ereignis des Jahres 1770 (Manuskript). Mengen/Donau 1979.

47 KREZDORN, Siegfried: Die Familie Keller von Schleitheim, in: Hegau, Zeitschrift für Geschichte..., 22. Jg., Heft 34, 1977.

48 EBEN, Johann-Georg: Versuch einer Geschichte der Stadt Ravensburg... 2. Bd. Ravensburg 1835. Freundl. Mitt. von Dr. Peter Eitel.

49 Abraham a Sancta Clara: Etwas für alle. München 1960.

50 1791, Josef Anton Koch über Kapuziner und Franziskaner anläßlich einer Reise von Zwiefalten nach Salem. SPAHR, Gebhard: Reisende in Schwaben. Vgl. Anm. 41.

51 Tagebuch des Archimagirus (Küchenmeisters) Pater Gregor Scherrich OSB aus dem Kloster Ottobeuren, Manuskript von 1761 im Kloster Ottobeuren. Pater Gregor stammte aus Biberach/Riß. Geb. am 29. 4. 1720, trat er am 9. 11. 1737 ins Stift Ottobeuren ein und starb dort am 2. 12. 1773. Stiftsarchivar Ägidius Kolb OSB versicherte mir, daß in allen oberschwäbischen Benediktinerklöstern so oder ähnlich gegessen wurde: in Wiblingen, Isny, Weingarten, Zwiefalten und Ochsenhausen.

52 Vgl. FOSTER, Norman: Was man zu Ostern in den Klöstern auftafelte, in: Meine Familie und ich, Heft 4, April 1980.

53 BECK, Paul: Die Jubelfeier im Kloster Weißenau 1783, in: Schriften des Vereins für Geschichte des Bodensees, 41. Heft. Lindau 1912.

54 ZANDER, Hans Conrad: Warum waren die Mönche so dick? In: Journal für Geschichte 2 (1980), Heft 1.

55 HALLER, Karl: Chronik von Reute II. o. J.

56 NAGEL, Adalbert: Die Bettelfuhr in Oberschwaben, in: Schriften d. Vereins f. Geschichte d. Bodensees..., 87. Heft, 1969.

57 Aus der Sammlung von RENZ, Rolf: Das Volkslied in den Jahresbräuchen (Manuskript). Bad Waldsee o. J.

58 Vgl. KOLB, Ägidius: D' Schwäbisch' Kuche. Memmingen o. J. (Vorläufer des in Anm. 8 genannten Titels).

59 JÖRG, Theodor: Der Landkreis Krumbach – Volkskunde Bd. 3. Weißenhorn 1972.

60 Stadtarchiv Bad Waldsee VIII/XX (Militaria), übersetzt von C. Dürr, Bad Waldsee.

61 Stadtarchiv Saulgau, anno 1786. Freundl. Mitt. von Stadtarchivar Hämmerle.

62 FWW-Gesamtarchiv, Schloß Wolfegg, Wo Ki 874.

63 PRIELMAIER: Das Schwäbische Hausbuch zum praktischen Gebrauch für Bürger und Landleute, II. Theil. Isny 1851.

64 Informantin aus Saulgau, Jahrgang 1893, dasselbe Gebet in: NAKATENI, Wilhelm S. J.: Himmlisch-Palmgärtlein. Köln 1768. Handschriftlich in Oberschwaben verbreitet.
Aus der Speisekarte zum »Feschteasse« anläßlich des 25jährigen Primizjubiläums des Stiftsarchivars Pater Ägidius Kolb OSB, Kloster Ottobeuren, am 18. 5. 1975 zu Oberstdorf beim Vinzenz.

65 Informant aus Möhringen/Bussen.

66 Umfrage an der Schwäbischen Bauernschule. Bad Waldsee, im Januar 1981.

67 Freundl. Mitt. v. P. Ägidius Kolb OSB, Abtei Ottobeuren.

68 Informantin aus Wengenreute bei Seibranz.

69 Kloster Maria Rosengarten (Hrsg.): Kochbuch. Wurzach ^{3}1948.

70 KOLB, Ägidius: Kässpätzles-Rezept, in: essen & trinken. Februar 1976, Nr. 2.

71 Informantin aus Bad Waldsee-Ehrensberg.

72 GERHARD, Frank: Kulinarische Streifzüge durch Schwaben. Künzelsau–Thalwil–Straßburg-Salzburg 1979.

73 LÖFFLER, Friederike Luise: Ökonomisches Handbuch / Neues Kochbuch. Stuttgart ^{3}1809.

74 ADAM, Hans Karl: Das Kochbuch der Schwaben. Münster 1976.

75 Informantin, Jahrgang 1897, aus Bad Waldsee.

76 Informantin aus den Lutherischen Bergen (Landschaft nördlich von Ehingen/Donau).

77 LÖFFLER, Friederike Luise: Neues Stuttgarter Kochbuch. Stuttgart ^{33}1922.

78 HALLER, Emma/HEGERMANN, Anni: Gesunde Ernährung. Kirchheim u. T. o. J.

79 SIKLÓS, Olga/MAGYAR, Pál: Ungarische Küche für Jedermann. Budapest 1971.

80 Nach einer schadhaften, undatierten Handschrift (um 1700) im Stadtarchiv Bad Waldsee.

81 HOCHHEIMER, C. F. A.: Haus- und Kunstbuch. Leipzig 1794 (aus dem Besitz der Stadt Scheer).

Register zu den Kochrezepten

Vorderer Vorsatz: Oberschwaben im 18. Jahrhundert. Ausschnitt aus einem kolorierten Kupferstich. Schwäb. Bauernschule Waldsee, Bad Waldsee.
Hinterer Vorsatz: Österreichische Brotpreisordnung für Waldsee, 18. Jahrhundert. Stadtarchiv Bad Waldsee.

Erneuerter

bey der Kaiserl. Königl. Vorder-

Ueber die Laiblen, wälsche oder das ordinari weiß Brod.

Korn-Preiß das hiesige Malter.	Vor 1. Pfenning.		2. Pfenning.		Vor 1. Kr.	
fl.		Loth		Loth.		Loth.
3	-	7 1/2	-	15	.	30
4	-	6	-	12	.	24
5	-	4 1/2	-	9	.	18
6	-	4	-	8	.	16
7	-	3 1/4	-	7	.	14
8	-	3	-	6	.	12
9	-	2 3/4	-	5 1/2	.	11
10	-	2 7/16	-	4 7/8	.	9 3/8
11	-	2 1/4	-	4 1/8	.	9 1/8

Extra- oder gelb Br Gattung Ring-Aye und Niclasen

Korn-Preiß	Vor 1. Pfenning.		2. Pfen-ning.	
fl.		Loth.		Loth
3	.	5 1/2	.	11
4	.	5	.	10
5	.	4 1/2	.	9
6	.	3 3/4	.	7
7	.	3 3/8	.	6 3/4
8	.	3	.	6
9	.	2 1/4	.	4 1/2
10	.	2	.	4
11	.	1 7/8	.	3 3/4